开放发展及其政策创新理论与实证研究

王宏新　著

·北京·

图书在版编目（CIP）数据

开放发展及其政策创新：理论与实证研究 / 王宏新 著 .
北京：中国经济出版社，2018.6（2024.1重印）
ISBN 978-7-5136-5157-8
Ⅰ.①开… Ⅱ.①王… Ⅲ.①改革开放—研究—中国 Ⅳ.①D61
中国版本图书馆 CIP 数据核字（2018）第 066990 号

责任编辑　赵静宜
责任印制　巢新强
封面设计　久品轩

出版发行　中国经济出版社
印 刷 者　大连图腾彩色印刷有限公司
经 销 者　各地新华书店
开　　本　710mm×1000mm　1/16
印　　张　9.75
字　　数　139 千字
版　　次　2018 年 6 月第 1 版
印　　次　2024年 1 月第 2 次
定　　价　55.00 元
广告经营许可证　京西工商广字第 8179 号

中国经济出版社 **网址** www.economyph.com **社址** 北京市东城区安定门外大街 58 号 **邮编** 100011
本版图书如存在印装质量问题，请与本社销售中心联系调换（联系电话：010-57512564）

中国行政体制改革研究会行政改革研究基金重大课题

“改革开放历程回顾与展望研究”

（2017CSOARJJKT017）

阶段性成果

献给祖国改革开放四十周年

序

改革开放四十载，中国进入新时代。

我们这代研究者，是改革开放以来各种问题从产生到发展、从积累到解决的亲历者，自然也被赋予了参与、奉献到改革开放大潮中的历史使命和责任担当。本研究是否对这个时代、对历史有所贡献，是需要接受历史和实践来检验的。

本书汇集了贸易与经济增长、企业国际化、对外直接投资、WTO与区域发展、改革与转型等方面的理论文章，是作者在承担中国行政体制改革研究会行政改革研究基金重大课题“改革开放历程回顾与展望研究”（2017CSOARJJKT017）过程中，对开放发展理论与实践渐进研究的全面回顾与总结，以深入探索中国特色社会主义的开放发展理论。

谨以此献给祖国改革开放四十周年。

是为序。

目　录

第一篇　贸易与经济增长

第四篇 WTO、区域发展与治理

·第一篇· 贸易与经济增长*

*王宏新.外贸与经济增长关系探析及我国政策选择[D].湘潭：湘潭大学，2001.

第一章

经济增长理论的演变与发展

经济学家们很早就开始了对经济增长问题的研究，并提出了各不相同的学术观点。但是从散落的经济思想到系统的理论体系，却经历了几百年。本章主要对古典政治经济学、凯恩斯主义、新古典经济学、新制度经济学等学派的经济增长理论进行阐述，以期对经济增长理论进行总体把握，为第二章的展开奠定理论基础。

一、 古典政治经济学的经济增长理论

对经济增长问题的论述最早见诸于英国古典经济学家的著作，毫无疑问他们是现代经济增长理论的先驱。在古典经济学家中，对经济增长的研究侧重于分析经济增长的决定因素。魁奈、斯密、马尔萨斯、李嘉图等古典经济学家对此作出了巨大贡献。但是最具代表性的是斯密和李嘉图两位古典政治经济学大师。

1. 亚当·斯密的经济增长理论

亚当·斯密在其经典著作《国民财富的性质和原因的研究》中最早论述了经济增长问题。他的经济增长理论主要有两个特点：一是引入了劳动分工；二是区分了“生产性”与“非生产性”两类劳动。斯密认为，生产性劳动占全部劳动的比例以及由劳动分工引起的劳动生产率的提高是决定

国民财富增长的主要因素。

劳动分工在斯密的增长理论中是一个非常重要的特殊因素。劳动生产力上最大的增进，以及运用劳动时所表现的最大熟练、技巧和判断力，似乎都是分工的结果。在斯密看来，劳动生产率提高的具体原因主要有三种："第一，劳动者的技巧因业专而日进；第二，由一种工作转到另一种工作，通常须损失不少时间，有了分工，就可以免除这种损失；第三，许多简化劳动和缩减劳动的机械的发明，使一个人能够做许多人的工作。"同时，斯密还强调，劳动分工受市场范围的限制，"分工起因于交换能力，分工的程度，因此总要受能力大小的限制，换言之，要受市场广狭的限制。市场要是太小，那就不能鼓励人可门终生专务一业。因为在这种状态下，他们不能用自己消费不了的自己劳动生产物的剩余部分，随意换得自己需要的别人劳动生产物的剩余部分"。正因如此，斯密提出了著名的绝对优势理论和"剩余产品出路"理论："在任何进行国际贸易的地区间，他们都能从中得到两种不同的利益。国际贸易实现了他们之间没有需求的土地和劳动的产品剩余部门，而且作为回报，换回一些他们需要的其他东西。国际贸易给他们的剩余产品带来价值，因为它把这些剩余产品交换了其他东西，而这些东西可以满足他们的部分需要，增加了他们的享受。通过这种方式，国内市场的狭小并没有阻碍手工业和制造业任何特殊部门的劳动分工。通过为他们的劳动产品超过国内消费的部分开辟一个更为广阔的市场，它鼓励他们改进其生产能力，而且使其每年产出量达到最大，从而增加了社会的真实收入和财富。"

斯密得出结论认为，如果一国集中生产并出口自己的优势产品，而进口自己的劣势产品，这将使贸易双方都能从中获益。这种分工利益，显然就是资源得到优化配置的结果。这样一来，劳动分工及由此延伸的国际分工就在劳动生产率与需求之间建立了互相促进的关系。对一个人劳动生产物需求的增长会提高他的劳动生产率、实际工资以及他对其他人劳动生产物的需求，这就构成了经济增长的推动力。

斯密关于“生产性”劳动与“非生产性”劳动的区分，解释了经济增长得以持续的原因。斯密将全部社会劳动划分为“生产性”劳动与“非生产性”劳动。前者加在物上，能增加物的价值，即可生产价值，后者则不能。经济增长能否维持下去，取决于全部劳动者中有多少劳动者愿从事于生产性的劳动，而生产性劳动的增加需要资本的配合。本期的资本存量是上一期谷物产量中用于雇佣劳动力的部分，因而资本的唯一形式是以谷物形式存在的“工资基金”。每一年的产出，一部分用来补偿资本；另一部分，或以利润形式作为资本所有者的收入，或以地租形式作为地主的收入。用来补偿资本的那一部分年产出，几乎都是用以维持生产性劳动者。至于一开始即被指定作为利润或地租收入的那一部分，其中的一部分对其所有者提供资本的作用，变为下一期所雇佣的生产性劳动者的收入；另一部分用来维持非生产性劳动者，放入可供所有者本人消费的资财中。因此，如果每年的国民收入中，用于生产性劳动的比例越大，用以维持非生产性人手的部分越小，则下一年国民收入的增长速度就越快。

2. 大卫・李嘉图的增长理论

李嘉图对古典增长理论的发展主要有两点：一是他指出，经济增长最终将趋于停止，即达到所谓的“停滞状态”（Stationary State）；二是李嘉图将收入分配与经济增长联系在一起，说明了国民收入分配在经济增长中的重要性。

李嘉图的增长模式是一个两部门模式，即存在两个部门：农业部门和制造业部门（当时的制造业主要是手工业）。在他的理论中，关键之处是农业部门。假设两个部门都生产消费品，其中，农业部门的生产要素是土地和劳动，土地的供给是固定的，但土地的质量，即肥沃程度，在各地之间存在差异；在任何时期，劳动的供给也是固定的，假设劳动者总是充分就业，并按一定的工资率被资本家所雇佣。

在以上假设下，李嘉图关于经济增长过程的描述如下：在任何一年，都有一固定数量的谷物，即“工资基金”为资本家所拥有，用于雇佣下一年生产所需的劳动者。工资是由工资基金和劳动人数决定的，即等于工资基金除以劳动力人数。根据马尔萨斯的人口理论，当工资高于某一“维持生存”的水平时，人口将会不断增加。在经济发展的早期，人口相对可利用的土地而言比较少。无论是农业部门，还是制造业部门，劳动者生产出剩余的能力鼓励资本家将这些剩余的一部分再投资，用于雇佣更多的劳动。更多的劳动力就业，特别是农业部门，将会生产出更多的谷物，养活更多的人口。因此，工资基金的积累和人口的增长是经济增长的两个源泉。但是，随着人口的增长，劳动力相对于固定数量的土地比例将提高，这时，经济增长速度提高的障碍不是来源于社会要维持大量人口的生存，而是劳动—土地比率上升。因为，一方面，越来越贫瘠的土地不得不被利用，这些土地的生产力将越来越低，即农业部门的生产表现为规模收益递减；另一方面，土地边际生产能力下降，生产谷物的劳动成本将不断增加，地租作为一种不劳而获的收入开始出现。在收益递减的压力下，利润的份额会由于地租份额和实际工资份额的增加而萎缩，直到为零，这时，虽然劳动仍能生产出剩余来，但是，农业资本家将停止投资，经济增长过程也将随之终止。

随着农业部门生产力的下降，将导致谷物价格上升。这意味着，实际工资将上升。在生产技术不变的条件下，制造业部门的工资产出将无法维持。对于制造业部门来说，工资产出物在制造业部门的增长过程中起着制约作用。所以，农业部门的生产条件在整个经济增长中扮演着制约者的角色。

决定收入分配的力量同样导致经济增长最终走向停止。这是因为劳动力生产出的剩余中，资本家的份额在不断下降，这一方面，减少了储蓄来源；另一方面，利润率的下降减少了对投资的刺激作用。

二、 哈罗德—多马模型与新古典增长理论

1. 凯恩斯主义经济增长理论——哈罗德—多马模型

在古典经济学之后，关于经济增长的研究在相当长一段时期内出现空白，这是因为随后的经济将研究重心转向资源配置问题，宏观经济学基本没有立足之地，自然也就没有增长理论。这一局面直到20世纪30年代凯恩斯经济学出现后，才有了转变。

现代经济增长理论是直接从凯恩斯的理论派生出来的。哈罗德（Roy Harrod，《动态理论》，1939）和多马（Evsey Domar，《资本扩张，增长率和就业》，1946）的研究是现代经济增长理论的开端，在西方经济增长史上，哈罗德和多马提出了第一个经济增长数学模型——哈罗德—多马模型。

哈罗德—多马模型的主要目的是将凯恩斯的短期比较静态理论推广到长期化和动态化的经济增长问题上。哈罗德—多马模型主要是建立在下述三个重要假设的基础之上。它们分别是：

（1）国民收入（Y）［或总产出（Q）］的一个不变比例（s）被用于储蓄。

（2）生产单位产出所需要的资本和劳动量是唯一给定的。

（3）劳动力按一个由外部因素决定的不变速度（n）增长。

哈罗德—多马模型还包含着其他一些假设，如经济中所生产的产品只有一种，不存在技术进步等。

令国民收入的增长速度为 g，由于生产单位产出所需要的劳动力是给定的［假设（2）］，国民收入增长速度不可能高于 n；同时，如果 $g<n$ 就会产生失业，所以，在均衡状态下，国民收入的增长速度必须等于劳动力的增长速度，即 $g=n$，哈罗德把 n 称作自然增长率。

由于生产单位产出所需要的资本量是给定的［假设（2）］，国民收入的增长速度等于资本存量的增长速度；同时，由于在均衡状态下，储蓄等

于投资，而储蓄率为 s［假设（1）］，我们可得到下述关系式：

$$g^{w}=\triangle Y/Y=\triangle K/K=I/K=sY/Y\cdot Y/K=S/K\cdot Y=s/v$$

其中 g^{w} 被哈罗德称为“有保证的国民收入增长率”，I 代表投资，K 代表资本存量，v 代表资本—产出率。

稳态增长要求同时满足 $g=n$ 和 $g=g^{w}=s/v$，所以稳态增长的必要条件为

$$n=s/v$$

这就是所谓的哈罗德—多马模型。

哈罗德认为，由于储蓄率、资本产出率、劳动力的增长速度都是独立给出的，因而，在自由放任的资本主义制度下，没有任何经济机制可以确保“有保证的国民收入增长率”等于“自然增长率”。如果“有保证的国民收入增长率”低于“自然增长率”，就会出现失业。换言之，除非国家进行干预，经济就不可能实现充分就业下的稳定增长。从哈罗德—多马模型中所推导出的这一结论与凯恩斯在其《通论》中所得出的结论完全一致。所以，哈罗德—多马模型所代表的经济增长理论被称为凯恩斯主义经济增长理论。同时，哈罗德还认为，即使由于某种偶然原因，“有保证的国民收入增长率”等于“自然增长率”，经济处于稳态均衡路径上，但一旦出现某种扰动，“有保证的国民收入增长率”就会越来越偏离“自然增长率”，换言之，哈罗德认为，即使存在稳态均衡，这种均衡也是不稳定的。

2. 现代增长理论——新古典增长理论

一些西方经济学家不满意哈罗德等人的上述结论，他们对哈罗德—多马模型做了修正。在 20 世纪 50 年代由索洛（Robert Solow，《对经济增长理论的一个贡献》，1956）和斯旺（Trevor Swan，《经济增长和资本积累》，1956）提出的新古典经济增长理论是现代经济增长理论的基础。索洛等人认为，哈罗德—多马模型之所以得出资本主义市场不能实现持续稳定增长的结论，是因为这个模型假定资本和劳动不能相互替代，从而资本—产出比是一个定量。只要假定资本和劳动能相互替代，就能得出资本主义市场

经济可以实现稳定增长的结论。他们的模型描述完全竞争的经济，产出的增长是对应于资本（各种物质资产）和劳动投入的增长。这一经济遵循报酬递减法则，即在劳动供给不变时，新增资本得到的报酬会递减，要素之间存在正的平滑的替代弹性。新古典生产函数与储蓄率不变的假设相结合，形成一个极为简单的一般均衡模型。

新古典增长理论家认为，在假设完全竞争、资本和劳动可以相互替代、生产函数具有边际收益递减和按规模收益不变等性质的条件下，若“有保证的国民收入增长率”（s/v），由原来的等于变为低于“自然增长率”(这意味着劳动力的增长速度高于资本存量的增长速度)，资本的价格(利息率)将会相对提高，劳动的价格(工资率)将会相对下降；此时，将发生劳动对资本的替代。因而，在所使用的生产要素中，资本对劳动的比率，$k = K/L$ 将会减少。但是，由于边际收益递减率的作用，随着 k 的减少，产出—资本率将会提高，换言之，资本—产出率将会下降。在储蓄率不变的情况下，资本—产出率的下降又将导致资本存量的增长速度（即“有保证的国民收入增长率”）的提高。这种调整过程将一直进行下去，直至“有保证的增长率”等于已给定的“自然增长率”。反之，若“有保证的国民收入增长率”由原来的等于变为高于“自然增长率”，相反的调整过程就会发生，直至两者相等。这样一来，古典经济学家就证明了在长期中，资本主义经济可以通过调整资本—产出率，而自动实现充分就业这一与凯恩斯主义相对立的结论。

三、 新增长理论

在新古典增长模型之后，西方经济增长理论的研究经历了 20 年左右的停滞期。近来，打破新古典增长模型长期居正统地位这一局面的是新增长理论。

新增长理论是产生于 20 世纪 80 年代中期的一个西方宏观经济理论分

支。西方学者通常以保罗·罗默 1986 年的论文《递增收益与长期增长》及卢卡斯 1988 年的论文《论经济发展机制》的发表作为新增长理论产生的标志。在新增长理论的产生和发展过程中，做出重要贡献的经济学家主要有：P. 罗默、R. 卢卡斯、G. 格罗斯曼、E. 赫尔普曼、R. 巴罗、P. 克鲁格曼、A. 杨、L. 琼斯、S. 雷贝洛、G. 贝克尔、杨小凯等人。

新增长理论虽然被称为一个理论，它却不像新古典增长理论那样有一个为多数经济学家共同接受的基本理论模型。确切地说，新增长理论是一些持有相同或类似观点的经济学家所提出的诸种增长模型组成的一个松散集合体。构成新增长理论的诸种增长模型之间既存在一些明显差别，同时又包含一些有别于其他增长理论并体现新增长理论特色的共同要素。这些模型在思想观点上和分析方法上的共同要素主要有以下几点：

（1）经济可以实现持续均衡增长，经济增长是经济系统中内生因素作用的结果，而不是外部力量推动的结果。

（2）内生的技术进步是经济增长的决定因素，技术进步追求利润最大化的厂商进行意愿投资的结果。

（3）技术（或知识）、人力资本具有溢出效应，这种溢出效应的存在是经济实现持续增长所不可缺少的条件。

（4）国际贸易和知识的国际流动对一国经济增长存在重要影响。

（5）不存在政府干预的情况下，经济均衡增长通常表现为一种社会次优，经济的均衡增长率通常低于社会最优增长率。

（6）经济政策，如税收政策、贸易政策、产业政策，很可能影响经济的长期增长率；一般情况下，政府向研究开发活动提供补贴有助于促进经济增长。

根据各种新增长模型在基本假设上的差别，我们可以将新增长模型分为三种类型。

第一类增长模型是在收益递增和外部性的假设下考察经济增长的决

定。采用这条研究思路的代表性模型有：罗默的知识溢出模型（1986）、卢卡斯的人力资本溢出模型（1988）等。由于假定收益递增采取外部经济的形式，这一类模型可以适用完全竞争的分析框架。这类新增长模型认为，技术进步取决于知识资本或人力资本的积累和溢出，因而技术进步是内生的。内生的技术进步保证了经济均衡增长路径的存在。

第二类新增长模型仍是在完全竞争的假设下考察经济增长，这类模型强调决定经济增长的关键因素是资本积累（包括物质资本积累和人力资本积累）而不是技术进步。体现这条研究思路的代表性模型主要有琼斯—真野惠里模型（1990）和雷贝洛模型（1991）等。这条研究思路否认知识或人力资本的溢出效应具有整个经济范围的重要性，强调通过资本的不断积累就足以保证经济实现持续增长。这类模型着重解释资本积累过程为什么不会中断，琼斯和真野惠里认为，尽管资本的不断积累会导致资本边际产品递减，但是资本边际产品不会像新古典增长模型假定的那样趋近于零，而是将趋近于一个正数；因此资本积累过程不会中止，经济可以实现持续的内生增长。雷贝洛则假设经济中存在一类边际收益不变的核心资本，核心资的存在将确保经济能够实现内生增长。

上述两类新增长模型都是在完全竞争的假设下研究经济增长，它们基本上代表了新增长理论的第一个发展阶段。其中罗默的知识溢出模型和卢卡斯的人力资本溢出模型代表了新增长理论的主流研究思路，后来的新增长模型基本上都是沿着罗默和卢卡斯所采用的研究思路向前发展。

第三类增长模型可用于分析一国在开放经济条件下的经济增长。开放经济条件下的新增长模型认为，发展中国家的技术模仿像发达国家的技术创新一样，对本国和世界的经济增长具有重要影响。一国的贸易政策将通过影响创新和模仿的速率而影响本国和世界的经济增长率。

第三类增长模型在较切合实际的假设条件下阐述了技术进步各种类型及其对经济增长的影响，对经济增长事实具有一定的解释力。这类增长模型的提出标志着新增长理论的研究进入了第二个发展阶段。

新增长理论的主要思路是肯定技术进步在经济增长中的决定作用，同时对技术进步的实现机制作了一定的理论分析。新增长理论家认为，技术进步并不像新古典增长理论家所理解的那样是“天上掉下的馅饼”，而主要是经济当事人从事研究和开发的结果。技术进步的表现形式多种多样，有边干边学、人的素质提高、新型资本品或消费品的出现、产品质量的提高等。

同时，新增长理论否定了新古典增长理论关于市场机制能够保证经济沿着最优增长轨道变动，政府的经济政策对经济增长不具有长期影响的观点，承认市场机制可能造成资本主义市场的动态低效率，认为适当的政府干预有助于促进经济增长。与新古典经济理论家的市场万能论不同，新增长理论家认识到，市场机制这只“看不见的手”不仅存在静态失灵，而且存在动态失灵。

四、 制度内生增长理论

在新古典传统经济学理论中，制度因素总是作为既定的前提，即制度结构具有外生性特征。新古典传统的经济模型中，暗含的假设包括：明确界定的私有产权、完备的信息结构、足够的激励机制以及无磨擦的交易行为。在这些既定的假设下，消费者遵循效用最大化原则、厂商遵循利润最大化原则进行经济活动。

在新增长理论中，制度和个人偏好仍被看作外生的因素，这样对经济增长起决定性作用的经济制度因素被排除出增长分析，并没有说明发生经济增长现象的真正动因。把制度作为经济学的研究对象是新制度经济学对正统经济理论的一场革命。以 R. 科斯、道格拉斯 . C. 诺思等经济学家为代表的新制度经济学认为制度和技术同样都是经济增长的内生力量。在诺斯看来，新增长模型“都取决于一个能驱动模型的暗含的激励结构的存在……如果不将制度中派生出来的激励结构作为这一研究的重要组成部分，这一研究对我来说将是一个无结果的试验”，所以，“技术变迁与制度变迁是社会与经济演进的基本核心”。

新制度经济学派认为经济增长的根本原因在于产权制度的有效安排，使之合理化，只有建立起合理的产权制度才能形成合理的市场价格机制和有效的激励机制，以实现资源的合理配置，从而促进经济的有效增长，由此可见，新制度学派在考察经济增长时与前述理论在本质上的区别，可以说新制度经济学的经济增长理论是经济增长理论进程中的又一次革命。新制度经济学认为，由于资源的稀缺性和需求的无限性，必然会发生人为争夺资源而产生的利益冲突和过度竞争，而这些竞争和冲突就必须有合理的制度或规则来加以约束和规范，现代经济学已经证明了合作才是解决争端的最有效手段，在任何模型中引入制度变量后，就能说明竞争的双方为什么要合作，如何才能合作，简言之，制度的功能就是为合作创造条件，保证合作的顺利进行。否则不建立合理的产权制度以明确界定人们对资源使用的动力和所有权，以及在资源使用中获益、受损的边界与补偿原则，并规定产权交换规则及保护产权所有者权益等以解决利益冲突，那么资源的合理配置和有效利用也就会成为一句空话，相反还会由于竞争秩序混乱无序而造成资源的巨大浪费和社会的动荡不安，甚至导致资源价格的扭曲，自然就无法实现经济增长。可见产权制度等的选择对资源配置有根本性的影响，它们应该在经济增长模型中视为一个重要的“内生变量”，而不应视作“外生变量”，这就是新制度经济学派经济增长理论的核心和与前述各种经济增长理论的本质区别。至于前面理论中提出的经济增长中的因素如技术创新、规模经济、教育投资、资本积累、人力资本等，诺思认为这些都不是经济增长的根本原因，而仅仅是增长本身，除非现行的经济组织是有效率的，否则经济增长就不会简单地发生，因此“有效的经济组织是经济增长的关键”，组织包括政治、经济、社会和教育机构，其目的是获取收入和其他目标的最大化。组织不仅是制度约束，也是其约束的函数，组织是否有效要看组织是否实现组织最大化目标所需的创新能力。在不确定的世界里，有效制度允许组织进行分权决策，允许试验，鼓励发展和利用特殊组织，积极探索解决经济问题的各种途径，有效消除组织的错误、分担组织创新的风险，并能保护产权。制度是在组织相互作用中逐渐演进的，是有最大化行为的组织，在制度提供了适应效率的情况下有效组织能够反过来推动制度朝着有利于经济增长的方向演进。

第二章

对外贸易与经济增长关系探析

对外贸易与经济增长的相互关系在国际贸易理论研究中占有重要地位，历来被经济学家所关注。亚当·斯密最早提出的“剩余产品”（Vent for Surplus）模型体现了他对贸易带动经济增长的认识。李嘉图在其比较成本理论中同样阐述了对外贸易带动经济增长的思想。约翰·穆勒关于贸易对经济增长的贡献的论述启发了人们从新的视角认识贸易的作用。D. H. 罗伯特森在20世纪30年代提出贸易是“经济增长的发动机”（Engine for Growth）的命题，50年代R. 纳克斯丰富和发展了这一学说。70年代以来，劳尔·普雷维什（R. Prebish）、A. 伊曼纽尔、S. 阿明、巴格沃蒂（Bhagwati）则从发达国家与发展中国家间贸易的角度出发，发展了贸易与经济增长的理论。80年代以后，以罗默、卢卡斯、克鲁格曼等为代表的经济学家又进一步推动了此方面的研究。本章侧重于从短期和长期两个角度来对两者关系进行总结和概括。

一、对外贸易与经济增长短期分析：凯恩斯主义模型

自1929—1933年大萧条以来，宏观经济学就一直面临失业、通货膨胀、经济增长等问题的困扰。凯恩斯革命使有效需求不足理论一直占据战

后几十年的主流。尽管不时受到其他学派的批判和攻击，凯恩斯主义自身也在不断发展，但其理论假设始终未变，即经济处于“凯恩斯区域”—供给曲线平坦（有弹性）的部分，也就是社会上存在大量闲置资源和过剩的供给能力，而总需求（有效需求）相对不足。因为它始终符合战后西方国家经济的实际—经济处于需求约束型状态。按照“总支出≡总产出≡国民收入”恒等式，国民收入的增加取决于总需求的扩大。宏观经济学的任务就是研究如何刺激总需求，扩大总支出，以最终刺激国民收入的增长。

如图 2-1（a）所示，*DD* 代表国内需求(Domestic demand，$C+I+G$)，*ZZ* 代表对国内商品的需求(Demand for domestic goods)。在初期，经济在 *A* 点处于均衡状态，其产出水平为 *Y*，此时贸易平衡，净出口 *XN* 为 0[图 2 - 1(*b*)]。

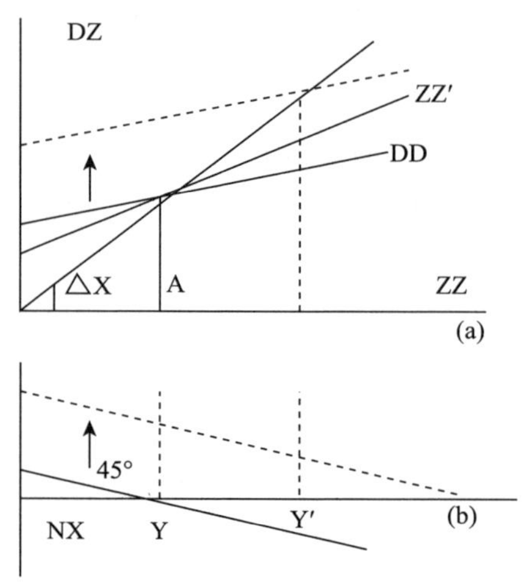

图 2-1　净出口与国民收入关系图

正是为了解决需求约束型经济下均衡产出（收入）水平决定问题。收入—支出分析法有以下两条固有的前提：（1）经济中存在超额生产能力，即经济运行在供给曲线的平坦部分，这时总支出决定产出水平；（2）在整个分析过程中，价格水平是固定的。

根据国民收入—产出恒等式，用收入—支出法分析外贸与国民收入的关系时，我们首先作如下假定：（1）在上述总需求因素中，净出口为唯一变量，其他因素均视为常量；（2）不考虑汇率波动；（3）经济在初期处于贸易平衡的均衡产出状态。

在给定产出水平的情况下，出口的增加即外国对国内商品的需求增加，从而 ZZ 会上移至 ZZ′，总需求的扩大通过对外贸易乘数，最终导致国民收入的增加，由 Y 增至 Y′。所以，净出口与收入呈正相关关系。

以上收入—支出法考察的仅是净出口与国民收入之间的关系，在分别引入进、出口与国民收入之间的关系时，凯恩斯主义模型有如下假定与结论：

（1）出口需求是外生变量。在开放经济的大多数凯恩斯模型都假设出口量与国民收入无关，它主要取决于外国的收入水平、本国商品与外国所生产的商品的相对价格、外国人对本国商品的偏好以及本国汇率高低。

（2）进口则是国民收入的增函数，随收入的增减而同向变化，同时它也受国内对外国商品的偏好、相对价格、本国汇率等因素影响。

（3）出口、进口与国民收入关系的不同会影响净出口对收入的作用。这是因为，假定出口不变，随着收入的增加进口也会增加，二者的关系可用边际进口倾向来衡量，边际进口倾向同时也表明从经济增长额中溢出来变成进口的“漏损”使贸易收支恶化的程度。这种变为进口的漏出量会缩小乘数值和减弱增加的支出对国民收入最终变动的影响。

（4）因此，如果外部需求没有变化，那么净出口反之也会成为国民收入的减函数：随着产量的提高，进口会增加而出口不受影响，导致更低的净出口。综合起来，净出口与国民收入之间就会出现 $NX\uparrow$—$Y\uparrow$—$M\uparrow$—$NX\downarrow$—$Y\downarrow$ 的情况，所以扩大外需确保出口不下降，才能保证国民经济的稳定增长。

但是，凯恩斯主义模型的严格假定决定了它的适用性。本书将在第三章第一节详细论证。

二、 宏观层面：对外贸易与经济增长关系长期的分析

对外贸易对经济增长的贡献，主要体现在它对长期经济增长的影响，即对一国生产要素增加和全要素生产率的提高的影响上面。从生产要素供给的角度来看，对外贸易不仅对要素供给的多少发生影响，而且对一国的就业水平也有影响；从全要素生产率提高的角度来看，对外贸易则可能从资源配置、规模经济和知识进展三个方面对一国经济增长产生影响。此外，经济理论和经济实践均已证明，如果一国对外贸易的发展与整个国民经济的发展不协调，也有可能对该国的经济增长造成负面影响。本书将在本节和第三、四节进行详细分析。

1. 生产要素的进口可以增加一国的要素供给

对大部分国家而言，由于在资源察赋方面存在差异，都不可能完全拥有生产所需的全部要素，这时生产要素的进口对经济就显得十分重要。

对大部分发达国家而言，在其经济起飞的过程当中，无一例外都曾从欠发达国家通过进口获得稳定而便宜的原料和燃料。这些生产要素的大量进口，一方面弥补了国内相关要素的供给不足，另一方面也大大提高了生产企业的利润率，这对维持国内的投资水平进而促进经济发展起到了明显的推动作用。

对大部分发展中国家而言，不仅与发达国家一样，需要进口部分国内稀缺的自然资源，而且更为重要的是，发展中国家普遍缺乏生产现代机器设备的能力，通过进口从发达国家所获得的先进机器设备对其经济的发展起至关重要的作用。

2. 出口的发展可以“带动”国内外投资的增加

研究表明，一国出口部门的要素收益远远高于进口竞争部门的要素收益。也就是说，出口部门的平均利润率水平比进口竞争部门的平均利润率

水平高。出口部门的这种较高的平均利润率水平，必然会“引致”一部分国内要素流入出口部门，在国内要素流动机制比较平滑的条件下，大量的要素流入就意味着出口部门的国内投资大量增加。这部分投资可能是从效率比较低的进口竞争部门和非贸易部门转移而来，也可能是新创造出来的额外的投资增加。

除带动国内投资的增加之外，出口部门的迅速发展还将吸引部分国外的投资者进入该国的出口部门。与受一国储蓄水平制约的国内投资相比，这部分国外投资可形成“纯粹”的投资增加。无论是“带动的投资增加”，还是“纯粹的投资增加”，这些投资增加对一国经济增长所带来的推动作用是非常重要的。

3. 出口的扩张可以带动国内就业的增加

对外贸易对国内就业水平的影响这一命题，对发展中国家而言具有更为重要的意义。美国经济学家安妮・克鲁格教授曾对这一问题进行了系统研究。她的主要研究结论可以概括为以下几点：第一，发展中国家大都具有劳动力资源丰富这一特点，因此在最优的国际分工下，发展中国家可以专门生产和出口那些资本/劳动比率较低的商品，这必然会提高本国的就业水平。第二，不同的贸易战略对发展中国家的就业水平影响很大。如果一种贸易战略能够促进劳动密集型产业较快的增长，那么它就会有助于整个社会就业机会的增加。克鲁格认为，与进口替代的贸易战略相比，选择开放的贸易战略（以出口促进为主的贸易战略），会更有助于发展中国家的就业增长。第三，与不同的贸易战略相配合的贸易政策也会直接影响到所有产业的技术选择，从而影响到产业的资本/劳动比率。因此，如果一种贸易政策会促使所有产业和企业选择那些劳动密集型的技术，这也会相应提高整个经济的就业水平。第四，贸易对发展中国家就业水平的影响程度还与这些国家国内生产要素市场的扭曲程度有关。

鉴于大部分发展中国家的进出口关税政策、出口补贴政策、汇率政策等都对生产要素市场造成了一定程度的扭曲，克鲁格认为，对于发展中国家来说，在采取出口促进的贸易战略的同时，还要降低国内市场的扭曲程度，特别是减少政府对市场的过多干预，这样才能在贸易战略与就业增长之间建立起一种有效的传递机制。

三、 微观层面： 对外贸易与经济增长关系的长期分析

对外贸易对经济增长的促进作用主要表现在三个方面：一是资源配置优化；二是规模经济的形成；三是知识进展的出现。

1. 对外贸易可以优化一国的资源配置，提高生产率

在不参与对外贸易时，一国的比较优势与比较劣势只能在该国内部的各个地区之间得以展现，该国的资源也只能按照国内需求进行“次优配置”，这就注定会使一部分国内资源被错误地配置到劣势产业中去，造成生产的低效率。

但如果一国较多地参与对外贸易，则情况就会有很大不同。在对外贸易的过程中，该国会依照比较优势原则，更多地生产和出口那些本国具有比较优势（相对于国际市场）的产品，而进口那些本国具有比较劣势的产品。这种资源配置可使一国的生产效率得到充分提高，达到资源配置的帕累托最优状态。

2. 对外贸易能够促进规模经济的形成

传统的国际贸易理论通常假定规模报酬不变，也即对外贸易不存在规模经济效应。然而实际上，这一假定与国际贸易发展的现实相去甚远。尤其在解释发达国家之间贸易量上升和相似产品之间贸易量上升方面，传统理论几乎无能为力。美国经济学家保罗·克鲁格曼，利用不完全竞争和规模报酬递增的假定，对这一现象进行了令人信服的解释。他认为，在国家间越来越相似，市场竞争越来越不完全的今天，规模经济已经取代要素察

赋差异而成为推动贸易发展的主要原因。当然，克鲁格曼的这一结论是在解释贸易原因，但是从贸易结果的角度来看，这一结论同样适用。我们知道，许多产业只有达到一定的规模才能降低成本，这一规模仅仅依靠狭小的国内市场往往无法实现。而如果一国大力促进产品出口，拓展国际市场，就可为国内产业规模经济的形成创造条件。

3. 对外贸易可以加快本国的知识进展

戈特弗里德·哈勃勒（Gottfried Haberler）认为，“贸易是传播技术知识，传播思想观念，吸收技能、技巧、管理才能和企业家才能的手段和工具……可能甚至比物资商品的进口更重要的是技能、技巧、管理才能、企业家精神的进口”。但是，关于对外贸易对一国知识进展作用的详尽论述，主要体现在美国经济学家罗默的新增长理论之中。在这一理论中，罗默专门论述了对外贸易对一国经济增长的影响。他认为，对外贸易至少可从以下几种渠道促进一国的知识进展：首先，各国之间开展国际贸易可以使知识与专业化人力资本在贸易伙伴国内迅速积累，从而使贸易国的总产出水平提高，经济加速增长。其次，由于知识传播与人力资本的外部效应，各国之间开展贸易还可以节约一大部分研究与开发费用，避免许多重复劳动，这对于发展中国家来说具有特别重要的意义。发展中国家可以通过引进先进的技术设备和产品，边干边学，消化吸收，加速专业化人力资本积累，从而推动国家经济长期增长。另外，国际贸易也会作用于企业并成为推进企业研究与开发的动力。由于国外存在竞争对手，因此新产品、差别产品垄断周期将会缩短，各企业为保持竞争优势，将会增加对研究与开发部门的投入。

四、 对外贸易非协调发展对经济增长的负面影响

从以上的论述中我们可以清楚地看出，对外贸易对一国经济的增长确实存在巨大的推动作用。但真理再向前一步就会变成谬误，非协调发展的

对外贸易就可能不仅不能“推动”一国的经济增长，反而可能对其增长造成“阻碍”。对外贸易非协调发展对经济增长的负面影响主要表现在以下几个方面。

1. 过度进口将导致进口竞争部门的“投资挤出”和就业下降

由于资源察赋的不同和消费偏好的多样性，任何一国的国内市场都不可能由国内生产企业独自垄断。从某种程度上说，进口对国内市场供给与需求的调剂是不可或缺的。但这种进口应该得到适度的控制，如果出现过量进口，将会排挤国内进口竞争部门的生产投资，造成“投资挤出效应”。而且，由于一国的就业水平是与其投资水平联系在一起的，因此，过量进口在“挤出”进口竞争部门的国内投资的同时，也将导致就业水平的下降。

2. 过度出口可能造成“贫困化增长”

“贫困化增长”这一概念是美国经济学家巴格沃蒂（J. Bhagwati）首先提出来的。这一概念清楚地说明了过度出口可能对一国经济增长造成的负面影响。巴格沃蒂的研究结果表明：尽管经济增长所带来的财富会提高一国的福利水平，但如果过度出口导致了该国贸易条件的极端恶化，且这种贸易条件的恶化所造成的本国出口商品的国际购买力的降低，超过了增长所带来的财富，这种增长就有可能使该国的净福利水平出现恶化。这种增长被巴格沃蒂称为“贫困化增长”（Immiserizing Growth），也有学者将其译为“福利恶化型增长”。巴格沃蒂认为，“贫困化增长”的出现需要具备以下四个条件：（1）一国商品出口量必须在短期内大幅提高；（2）该国必须是一个贸易大国，这样大幅度的出口扩张必然导致该国贸易条件恶化；（3）世界其他国家对该国出口商品的需求弹性很低，这样该国贸易条件恶化的程度将十分严重；（4）该国经济严重依赖对外贸易，这样其中贸易条件的大幅恶化才有可能导致社会福利的绝对下降。在国际贸易发展的历史上，虽然不少国家出现过由于出口增长而造成的贸易条件恶化，但真正使整个社会经济利益下降的例子还很少。尽管如此，各国在制定自己的贸易发展战略时，还应对此给予足够的重视，因为这种“贫困化增长”的现象确实是可能发生的。

3. 国内供给不足型商品或要素的过度出口可能诱发通货膨胀

总体上看，所有商品的过度出口都有诱发国内物价上涨的可能。因为过度出口会破坏国内商品与要素供求的原有平衡，在需求量一定的条件下，供给量的减少（因为部分供给被提供给国外的消费者）注定会造成物价上涨的压力。在国内需求本来就很旺盛，出口商品或要素原本就处于供不应求状态的情况下，国内物价的上涨就会因这些商品的过度出口而变得十分明显。

第三章

改革开放以来我国对外贸易与经济增长关系探析

改革开放20多年来，我国的对外贸易和国民经济都呈高速增长态势。在对外贸易中，进出口商品的结构、贸易方式以及外贸体制都发生了根本性变化。本章的中心任务就是探寻20多年来对外贸易在总量、结构、体制及战略等方面的变化对经济增长的影响程度，以求为下一阶段我国外贸的发展提供正确思路。

一、总量分析：兼解"贸易顺差悖论"

改革开放以来，我国对外贸易一直保持高速增长，其年均12.8%的增速高于同期我国国民经济9.7%的增速，我国进出口总额在世界排名由1980年的第17位上升至第9位，快速发展的进出口贸易一向被视为改革开放以来拉动我国经济高速增长的"引擎"；与此同时，21年来我国贸易收支出现大幅贸易顺差被视为与经济增长极具正相关的重要指标之一。但是，在认真研究改革开放以来我国外贸对经济增长的贡献时，一些学者却发现"贸易顺差与国内生产总值增长之间呈负相关""净出口对经济的拉动往往与国民经济增长成反方向运行趋势"的情况。这显然与宏观经济学基本理论相悖。因而，要科学地认识与总结改革开放以来我国对外贸易与经济增长的关系，就必须解开“贸易顺差悖论”之谜。

1. 贸易顺差与经济增长“负相关”论的来源

要评价贸易顺差对经济增长的贡献，必须用支出法核算国内生产总值。贸易顺差与经济增长负相关论的得出，正是基于此。支出法是从需求角度将一国由政府、企业和居民等经济行为主体在一年期间通过不同经济活动的最终支出额作为国内生产总值的构成，其公式为 $GDP=C+I+(X-M)$。由“总支出=总产出”原理出发，外贸对 GDP 增长的贡献即为净出口对 GDP 增长的贡献，通常采用净出口贡献度和净出口贡献率两个指标来衡量，公式如下：

净出口贡献度 $=(\Delta(X-M)/\Delta Y)\times 100\%$

净出口贡献率 = 净出口贡献度 $X(\Delta Y/Y)\times 100\%$

根据以上公式，可计算出 1979—1998 年我国外贸与经济增长关系的各项指标（见表 3-1）。根据计算结果可以看出，贸易出现逆差的年份，大多经济增长较快；而贸易顺差则大多对应着经济增长速度趋缓。如 1985 年和 1993 年，贸易逆差分别达 366.9 亿元和 679.5 亿元，经济增长却高达13.5%，同期净出口贡献率分别为-3.4%和-1.5%；1997 年贸易顺差达 2745 亿元，经济增长仅为 8.8%，同期净出口贡献率为 1.7%，等等。

表 3-1　外贸与经济增长　　单位:%，亿元

年份	GDP 增长率	贸易差额	净出口贡献度	净出口贡献率
1979	7.6	-19.7	-1.8	-0.1
1980	7.8	-14.8	1.0	0.1
1981	5.2	11.3	7.5	0.4
1982	9.1	91.1	13.6	1.2
1983	10.9	50.8	-6.9	-0.7
1984	15.2	1.3	-4.5	-0.7

续表

年份	GDP 增长率	贸易差额	净出口贡献度	净出口贡献率
1985	13.5	-366.9	-22.6	-3.1
1986	8.8	-255.2	8.3	0.7
1987	11.6	10.8	16.1	1.9
1988	11.3	-151.1	-5.5	-0.6
1989	4.1	-185.5	-2.0	-0.1
1990	3.8	510.3	37.5	1.4
1991	9.2	617.5	3.6	0.3
1992	14.2	275.5	-7.5	-1.1
1993	13.5	-679.5	-11.1	-1.5
1994	12.6	634.1	10.4	1.3
1995	10.5	998.5	3.0	0.3
1996	9.6	1459.3	5.0	0.5
1997	8.8	2745.0	19.2	1.7
1998	7.8	3051.5	8.1	0.6

资料来源：各期《中国统计年鉴》《中国对外经济贸易年鉴》，其中净出口贡献度和净出口贡献率系依据上述数据计算得出。

如此看来，上述学者的观点似乎成立。但是，通过第二章第一节对外贸与经济增长的收入—支出分析，我们从凯恩斯主义模型中得出了贸易顺差与经济增长的正相关性。那么，实践中为什么会得出相反结论呢？问题就在于支出法。收入—支出法运用的假定前提决定了该分析方法仅在需求约束型经济下适用，不能涵盖我国 20 多年来宏观经济运行的全过程。

2. 供给约束型经济条件下对外贸易与经济增长的关系

我国直到 1997 年才逐渐进入供大于求的需求约束型经济，在此之前则一直是资源短缺、市场上商品供不应求的供给约束型经济。在该经济中，相对于较低的供给能力而言，总需求处于较高水平并且有充分弹性，所以在无资源闲置和供给过剩的情况下，总需求的变动不会引起收入的变动，而只会引起价格水平的大幅波动。因而，国民收入的提高取决于供给能力的改善，国民收入是供给的函数。如图 3-1 所示，若增加需求，*DA* 向右上移至 *DA′*，收入不变而价格水平上升；若将供给曲线向右移至 *SA′*，则国民收入由 *Y* 增至 *Y′*，价格略有下降。

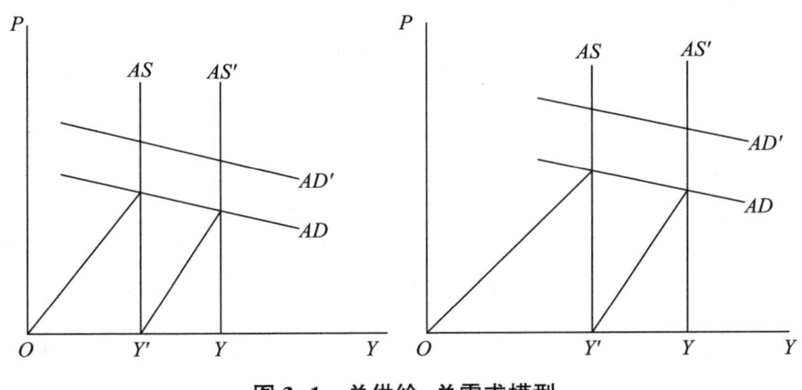

图 3-1　总供给-总需求模型

因此，在由供给来决定收入的供给约束型经济下，净出口需求难以客观地反映外贸与经济增长的相关关系。二者的关系必须结合进出口对供给的影响角度来分析：

首先，进口依然是国民收入的增函数。但在供给约束型经济下，进口不再是“漏出量”。进口国内短缺的投资品和消费品可平抑国内上涨的物价；同时，进口资本品会产生类似于支出乘数的乘数效应，扩大本国供给，引起国民收入倍增。

其次，出口具有内生性。在短缺经济下，一国出口并非因为本国供给能力过剩而寻求国外需求，而在于出口创汇以增强进口能力，支撑和扩大进口。因为一国不可能在贸易收支持续恶化的情况下扩大进口。因而出口内生于进口而又受本国国民收入水平的制约，出口的扩大有赖于国民收入的提高。从这一意义上来说，出口也是国民收入的增函数，影响出口的因素则有出口商品在国内市场供求状况、外国国民收入、相对价格、汇率及偏好等。

因此，进口增加国内供给，出口减少国内供给（增加国外供给）贸易逆差就是本国供给的净增加，贸易顺差即是本国供给的净减少；前者会引起国民收入水平的提高，后者则会导致国民收入水平的降低。反之，国民收入变动也会引起贸易收支的改变。因为出口与进口均是国民收入的函数，贸易状况就取决于边际出口倾向与边际进口倾向的对比：若前者大于后者，贸易收支状况呈顺差，反之则呈逆差。

3. 结论

第一，1979—1996 年，由于我国总体上处于供给约束型经济，在对外贸易对经济增长拉动上，进口发挥的作用大于出口。贸易顺差与国内生产总值呈“负相关”恰好从供给角度证明了这一点。具体表现在：

（1）1979—1996 年，我国进出口贸易平均速度大于国内经济平均增长速度，而进口贸易速度又大于出口贸易速度。1979—1988 年我国 GDP 增长率平均为 13.7%，进出口总额平均年增长 23.7%，其中进口为 23.8%，出口为 23.6%；1991—1996 年以上四项指标分别为 21.8%、22.3%、22.6%和 21.9%（由于 1989 年、1990 年国内国际环境因素变化，我国外贸与经济增长波动较大，与其余各年水平相差显著，故本书将 1979—1996 年分为 1979—1988 年和 1991—1996 年两阶段，舍去这两年并不影响总体水平）。这一事实反映了在该阶段，由于我国国内市场需求巨大而工业供给能力不足，加之价格关系尚未理顺，我国经济在总体上面临商品短缺、通货膨胀的压力。在该阶段可供出口的大都是内外市场都需要的资源型产品或初级产品。在此情况下，更高的进口速度在平抑物价和缓解国内生产瓶颈及增强出口能力方面提供了保证。

（2）18 年来，在我国外贸依存度不断提高的同时，进口依存度平均水平始终大于出口依存度平均水平。外贸依存度由 1979 年的 11.2%提高至 1996 年的 34.8%，其中 1979—1988 年进口依存度平均水平为 9.9%，出口依存度平均水平为 8.6%；1991—1996 年两项指标分别为 17.8%、18.8%，但 1979—1996 年分别为 13.0%和 12.6%。这说明在我国国民经济运行中，进口总额占 GDP 的比重大于出口，即在我国对外开放、参与国际分工程度不断加深的进程中，进口比出口起着更重要的作用。

（3）平均边际进口倾向大于平均边际出口倾向。1979—1988 年两指标分别为 15.0%和 14.3%，1991—1996 年分别为 19.0%和 18.7%。这表明，改革开放 18 年来，我国 GDP 的增加额中一直更多地用于进口以增加国内对资本品和消费品的供给能力，而不是用出口以刺激总需求，我国供给约束型经济形态尚未改变。利用“进口的 GDP 增长弹性”指标也得出了同样结论。

第二，自 1997 年起，由于近 20 年来市场经济体制的逐步建立和完善，在经济高速增长中国内供给能力大大提高，我国宏观经济从总体上进入了供大于求的需求约束型形态，开始与凯恩斯主义模型的假设前提相符，因而贸易顺差与经济增长呈正相关关系。

二、 进出口商品结构分析

我国自改革开放以来，外贸规模迅速扩大的同时，进出口商品结构也逐步改善。在出口商品结构方面，“七五”期间，我国完成了出口商品由初级产品向工业制成品为主的转变。在“八五”期间，这种转变进一步得以深化。在进口商品结构方面，也呈现了同样的变化趋势，与经济增长密切相关。

1. 改革开放以来我国出口商品结构变化

为了使分析结果更具国际可比性，本书对贸易商品的分类采用国际贸易标准分类（SITC），将我国的贸易商品分为 9 大类，即 SITC 中的 0~9 类，其进出口商品结构指标如表 3-2 所示。

随着开放政策的实行和经济发展战略的调整，我国出口商品结构发生了巨大变化。

（1）工业制成品出口在我国出口中占据绝对主导地位。工业制成品出口所占比重从 1980 年的 49.7%迅速上升到 1990 年的 74.4%，基本完成出口商品结构由初级产品为主向制成品为主的转变；20 世纪 90 年代以来，工业制成品所占比重稳步攀升，到 1997 年已达 86.9%。

（2）出口产品高附加值化和多样化取得重大进展。90 年代以来，我国出口商品结构进一步向精加工、深加工、高附加值方向发展，技术含量和附加值较高的工业制成品出口比重明显上升。机械及运输设备出口所占比重从 1980 年的 4.7%升到 1997 年的 23.9%；机电产品出口所占比重超过 30%，取代纺织和轻工产品，成为第一类出口商品。

（3）劳动密集型产品出口所占比重从 1978 年的 31.1%上升到 1993 年的 56.8%；仅农产品、矿产品这类资源密集型产品出口比重就从 1975 年的 53.2%降至 1993 的 9.2%。与此同时，资本密集型产品出口比重从 1978 年的 15.2%逐步升至 1993 年的 28.8% 。

表 3-2　1980—1997 年我国主要年份进出口商品结构

	1980 年		1985 年		1990 年	
	出口	进口	出口	进口	出口	进口
总值（亿美元）	181.2	200.2	273.5	422.5	620.9	533.5
（SITC）类别进出口商品结构（%）						
初级产品	50.3	34.8	50.6	12.5	25.6	18.5
（0）食品以及主要供食用的活动物	16.5	14.6	13.9	3.7	10.6	6.3
（1）饮料及烟草类	0.4	0.2	0.4	0.5	0.6	0.3
（2）非食用原料	9.4	17.7	9.7	7.7	5.7	7.7
（3）矿物原料、润滑油及有关原料	23.6	1.0	26.1	0.4	8.4	2.4
（4）动植物油、脂及蜡	0.3	1.2	0.5	0.3	0.3	1.8
工业制成品	49.7	65.2	49.4	87.5	74.4	81.5
（5）化学品及有关产品	6.2	14.5	5.0	10.6	6.0	12.5
（6）轻纺、橡胶、矿冶产品及制品	22.1	20.8	16.4	8.2	20.3	16.7
（7）机械和运输设备	4.7	25.6	2.8	38.4	9.0	31.6
（8）杂项制品	15.7	2.7	12.7	4.5	20.4	3.9

续表

	1980		1985		1990	
	出口	进口	出口	进口	出口	进口
（9）未分类的其他商品	1.1	1.7	12.5	5.8	18.7	16.9
总值（亿美元）	1487.8	1320.8	1827.0	1423.6		
（SITC）类别进出口商品结构（%）						
初级产品	14.4	18.5	13.1	20.1		
（0）食品以及主要供食用的活动物	6.7	4.6	6.1	3.0		
（1）饮料及烟草类	0.9	0.3	0.6	0.2		
（2）非食用原料	2.9	7.7	2.3	8.4		
（3）矿物原料、润滑油及有关原料	3.8	3.9	3.8	7.2		
（4）动植物油、脂及蜡	0.3	2.0	0.4	1.2		
工业制成品	85.6	81.5	86.9	79.9		
（5）化学品及有关产品	6.1	13.1	5.6	13.6		
（6）轻纺、橡胶、矿冶产品及制品	21.7	21.8	18.8	22.6		
（7）机械和运输设备	21.1	39.9	23.9	37.1		
（8）杂项制品	36.7	6.3	38.6	6.0		
（9）未分类的其他商品	0.0	0.5	0.0	0.6		

资料来源：《中国统计年鉴（1998）》，《中国统计摘要（1998）》。

2. 改革开放以来我国进口商品结构变化

我国进口商品结构一直以工业制成品为主，以初级产品为辅，但其间也有一些起伏波动。

（1）从“六五”“七五”“八五”时期，初级产品进口比重从24.1%降到17.4%和16.0%，工业制成品进口所占比重从75.9%升至82.6%和84%。

（2）初级产品中，国内短缺的矿物燃料、动植物油进口所占比重从“六五”时期的0.5%和0.4%，分别上升到“七五”时期的1.9%、1.1%和“八五”时期的4.2%和1.2%；而食品饮料、非食用原料进口比重明显下降。

（3）工业制成品中机械及运输设备及杂项制成品进口比重有明显上升，而化学品、按原料分类的制成品进口比重则趋于下降。

1993 年以来，进口结构出现一些新变化，初级产品进口特别是国内短缺原材料和农产品进口增长相对较快，比重明显上升；工业制成品进口比重有所下降，包括变通设备和先进适用技术设备进口增长显著放慢，先进适用技术设备进口比重下降非常值得关注。

3. 进出口商品结构与经济增长关系分析

近 20 年来我国进出口商品结构的变化，反映了在改革贸易体制和扩大对外开放的过程中，我国的比较优势得以逐步实现。这种结构性的变化正是我国出口高速增长的原因。

（1）尽管我国的出口结构仍以劳动密集型的初级制成品为主，但是近 20 年来出口结构由初级产品向工业制成品的转变对于我国的经济增长具有不可忽略的重要意义。

由于大量非熟练劳动力的存在，我国在劳动密集型产品的生产方面存在很强的比较优势，劳动密集型制成品出口的高速增长带动了对外贸易的迅猛发展。出口的增长和结构的变化使我国的比较优势得以实现，促进了整体经济效率的提高，使大量农村剩余劳动力转移到工业部门，提高了工业化水平。同时，这些劳动密集型制成品生产的扩张，也在需求方面带动了相关上游产业的发展。

（2）机电、化工产品是进口商品的主体，它反映了我国的比较优势和发展阶段。高新技术含量较高的机电设备进口无疑极大地提高了我国工业的整体技术水平。由于我国经济的高速增长，一些资源的短缺显得较为突出，石油和一些矿物原料进口占总进口的份额提高较快。近年来，由于加工贸易的迅猛发展，纺织原料、电子产品的进口有较大幅度增加，在总进口中也占有较高的份额。

总体来看，在我国对外贸易迅速增长的同时，贸易结构也不断趋于合理化，逐步与我国的资源禀赋、比较优势、产业结构和发展阶段相一致。贸易结构的变化促进了我国经济的专业化过程的产业结构升级，提高了整体的经济素质和效率，推动了我国经济的增长。而且，劳动密集型出口的扩张，对于吸纳劳动力就业，特别是农村大量非熟练劳动力的就业起到了非常重要的作用，有力地促进了农村劳动力的转移和我国的工业化。

4. 存在的问题

我国的对外贸易结构上也存在一些不合理的问题，主要表现在以下几方面：

（1）在出口商品，中、低档次的工业制成品居多，其加工程度不深，附加值也低，出口总值虽然较高，但是新创造的增加值却并不高；

（2）由于近年来加工贸易发展较快，生产出口产品所需的原材料和零部件很大程度上依靠进口，出口通过产业关联作用带动其他产业增长的作用有所减弱；

（3）出口产品过于集中营在一些个别品种上，不能做到多样化、多层次，从而增加了市场风险，并导致贸易争端增加和贸易条件恶化；

（4）进口产品虽以技术含量高的机电产品为主，但一般性机电产品进口数量过多，特别是低水平的重复引进，对国内同类产品的生产形成一定的冲击。

三、 贸易方式分析

加工贸易自 1978 年以来料加工装配贸易的形式开始，经过 20 年的发展，已成为我国对外贸易的重要组成部分（见表 3-3）。

表 3-3 1991—1997 年中国五种贸易方式所占的比重 单位：亿美元，%

年份	进出口总值	一般贸易	进料加工贸易	来料加工装配贸易	外商投资品进口
1991	1357.01	49.85	24.78	17.58	3.46
1992	1655.25	46.6	26.0	16.8	4.8
1993	1957.03	41.5	26.4	14.7	8.4
1994	2366.20	41.0	30.1	14.0	8.5
1995	2808.48	40.9	33.9	13.1	6.7
1996	2899.04	35.3	36.1	14.5	8.6
1997	3250.57	36.0	36.8	15.5	5.5

资料来源：《中国统计年鉴（1998）》，《中国统计摘要（1998）》。

我国对外贸易的不断扩张、进出口商品结构的改变乃至经济的高速增长，是与加工贸易的迅猛发展密切相关的。科学地分析贸易方式的发展、特征及其与经济增长的关系具有重要意义。

1. 我国加工贸易发展及特点

（1）加工贸易的发展水平

1）发展规模扩大。1990 年中国加工贸易进出口额为 157.6 亿美元，1998 年增至 1730.4 亿美元，年均增长 17.6%，高于同期对外贸易 13.8% 的年均增长速度，占全国进出口总值的 53.4%。其中，中国加工贸易的发展在最近几年获得了规模上的突破，在进出口总值中的比重超过了一般贸易，继续保持自 1996 年以来中国的第一大贸易方式。

2）发展速度加快。加工贸易出口连年上升，自 1990 年以来，年均增长 18.8%，1995 年出口为 1045 亿美元，占总出口的 57%，为中国出口做出了贡献；进口在连续 7 年增长后，1998 年出现下降，为 686 亿美元，占总进口的 49%。

（2）加工贸易的结构特征

1）加工贸易的主体结构。加工贸易的主体结构在20世纪80年代末期，由外商投资企业取代乡镇企业成为加工贸易的主体。1998年，外商投资企业出口692亿美元，占加工贸易出口的66.2%，进口483亿美元，占加工贸易进口的70.4%。国有企业的出口为333亿美元，占31.9%，进口193亿美元，占28.1%。

2）加工贸易的地区结构。加工贸易的区域性分布以沿海地区为主体，其他地区为辅。1998年，东部沿海12个省区，加工贸易进出口1682亿美元，占97.2%，其他地区仅为48亿美元，占2.8%。

3）加工贸易的行业结构。由劳动密集型产品占绝对主导地位向劳动密集型与技术资本密集型并重的方向发展。

4）加工贸易国外投资者的区域分布。进入20世纪90年代，美、欧、日向中国转移部分中间产品的趋势增强，中国对美欧加工贸易的出口比重明显提高，对我国香港特别行政区加工贸易的出口比重明显下降。

2. 加工贸易的迅猛发展的主要原因

（1）加工贸易的迅猛发展主要得益于新兴工业国家和地区的劳动密集型产业转移。由于亚洲新兴工业地区的产业升级和劳动力成本上升，以及我国较低的劳动力成本和实行改革开放政策，亚洲新兴工业地区的一些主要出口厂商将其传统的劳动密集型出口产品的生产转移到我国大陆，以保持较低的成本。因此，我国劳动密集型产品的出口增长，在很大程度上是对我国香港、台湾等地区原先对发达国家出口的替代。由于这种生产的转移大多是通过建立外资企业和通过加工贸易方式实现的，因而加工贸易出口和外资企业出口同时增长得非常快。

（2）国内对加工贸易的各种优惠政策也在很大程度上促进了加工贸易的发展。20世纪80年代中后期，我国在对外贸易体制上，基本上建立起两种贸易机制，即普通贸易机制和以加工贸易为代表的出口导向机制。出口导向机制包括对加工贸易和对外商投资企业的优惠政策，主要有对加工出口所需的中间产品进口减免进口关税和其他进口环节税，对外资企业的投资品进口免征关税和其他环节税，以及对特定地区的税收优惠等。在这种双重贸易机制下，进行加工贸易不仅可以获得较便宜的中间投入品，减少生产成本，而且，如果能与国外或我国香港、台湾地区进行合资，还可以在进出口经营权、设备进口等方面获得更大的好处。这促使有出口能力的国内企业（特别是其中间投入关税较高的企业）转向加工贸易或者与海外合资。这也是外资企业出口和加工贸易迅速增长的另一个主要原因。

3. 加工贸易与我国经济增长

加工贸易在有力促进外贸发展的同时，为我国经济带来巨大的收益，对于我国的经济增长和结构调整也具有重要意义。

（1）随着国内经济的发展，利用外资的增加和其质量的提高，加工贸易的技术层次逐步提高，加工环节增加，其国内增值水平和对国内经济的带动作用大大提高。

（2）加工贸易极大地促进了制造业的发展，特别是纺织、机械和电子等产业由于加工贸易而得到较大增长，有利于我国工业化的进程和产业结构的转变。近年来，我国出口商品结构的升级，特别是机电产品出口的大幅增加在很大程度上利益于加工贸易的发展，虽然通过加工贸易出口的机电产品仍旧偏于劳动密集型，但它有利于我国企业技术水平的提高，为下一步的出口升级奠定了基础。

（3）加工贸易扩大了就业规模，有利于农村剩余劳动力的转移。

（4）加工贸易的发展改善了我国企业的生产工艺和技术，提高了开拓国际市场的能力。

4. 存在的问题

（1）由于加工贸易与一般贸易在商品结构、目标市场和进出口配额等方面存在雷同或竞争，因而加工贸易的发展将在一定程度上挤掉一般贸易，并造成税源的萎缩。一般贸易和加工贸易在政策环境上的巨大差别，使出口企业由一般贸易方式向加工贸易方式转移。而由于加工期贸易进口料件及机器设备基本上不征税和只征收很少的税，外加对三资企业作为投资进口的机器设备免征关税和进口环节增值税等优惠措施，1997 年我国进口贸易总额中实际应税货物仅占 23.4%。事实上，自加工贸易政策实施以来，一些高税商品的加工贸易进口明显上升。一般贸易的比重明显下降，如 1997 年羊毛、成品油的一般贸易进口分别不足 10%和 15%。这无疑对我国的财政收入带来一定影响。

（2）由于加工贸易的管理模式和监管手段不相适应，加工贸易成为走私的重要渠道。世界各国对加工贸易在给予各项优惠的同时，也对其进行严格的管理。我国在对外贸易发展过程中，外贸企业有外贸经营权而无加工能力，而许多生产企业有加工能力却无加工贸易经营权，造成贸易和实际加工脱节，因此，不法分子利用加工贸易渠道，采用多种手段，将保税进口的货物在国内倒卖。

（3）通过加工贸易大量进口原材料和中间产品，以及通过加工贸易的走私行业，对国内原材料和中间产品工业造成了冲击，影响了加工贸易对国内经济的带动作用的发挥。如目前的加工贸易税收政策及其计算方法，或规定对加工产品使用国产原材料不予以退税，或造成使用国产原材料比例越大则税负越重，影响了加工贸易企业使用国产原材料的积极性，使其更多地转向采用国外料件。这无疑不利于通过加工贸易促进国内经济增长的目的。

（4）加工贸易将成为国际贸易磨擦的一个潜在因素。由于加工贸易加工程度深浅不同，增值幅度大小不一，因此在原产地认定方面问题较多。我国进出口贸易中 50%以上为加工贸易，加工贸易进出口量值之比近年虽有上升，从 5 年前的 1∶1.5 左右上升为 1997 年的 1∶1.42，但实际加工贸易的增值比仍然不高，而这类加工贸易的产品原产地均被定为我国，加上许多加工贸易出口品在我国香港特别行政区转口加价后在国际市场的价格提高，中美贸易磨擦中关于美方贸易逆差数额之争与加工贸易的独特贸易方式和我国香港特别行政区转口加价有着密切的关系。

四、外贸体制分析

1. 改革开放以来我国外贸体制改革历程

自 1979 年以来，我国外贸体制进行了一系列的改革，逐渐从高度集中的、以行政管理为主的国家垄断外贸体制，向市场经济下的外贸体制转变。这种改革促进了中国对外贸易的发展和中国经济的高速增长。

（1）初步探索阶段（1979—1987）：高度集中的外贸垄断经营体制的打破在此期间，国家调整了对外贸易管理机构；部分下放外贸经营权；改革外贸计划管理体制，实行指令性计划、指导性计划与市场调节相结合，取消外贸行政管理，加强海关、商检、外汇管理等与外贸有关的行政管理职能机构。这一阶段，外贸企业内部初步引入经济利益机制，获得初步的自主经营权，政企关系有了初步改变。

（2）全面实施阶段（1988—1993）：从统负盈亏到自负盈亏、自主经营的转变在此期间，国家在试点改革的基础上，全面实行外贸企业出口自负盈亏的改革，取消国家对外贸出口的财政补贴，从建立自负盈亏机制入手，使外贸逐步走上统一政策、平等竞争、自主经营、自负盈亏、工贸结合、推行代理制的轨道。此间，国家又进一步深化外贸企业内部机制的改革，推动外贸企业转换经营机制。切实贯彻《全民所有制工业企业转换经营机制条例》和《对外经济贸易企业转换经营机制实施办法》的精神，使外贸企业开始成为自主经营、自负盈亏、自我发展、自我约束的法人实体和市场竞争的主体。

（3）深化阶段（1994 年至今）外贸间接调控体系初步形成。在此期间，国家强化了经济调控手段，主要有：改革汇率制度；强化外贸企业自负盈亏机制，取消各类外汇留成，同时实行银行结售汇制；按照国际通行做法完善出口退税制度；成立国家进出口银行，实行有利于外贸出口发展的信贷政策；设立出口商品发展基金和风险基金，支持新产品开发，促进产品更新换代；按照现代企业制度改造国有外经贸企业，积极推行股份制试点，推动企业开展一业为主、多种经营，走实业化、集团化、国际化、多元化道路；等等。

2. 外贸体制改革对我国经济增长的作用

经过20多年外贸管理体制的渐进改革，我国的外贸管理体制在宏观上形成了计划与市场相结合，以市场调节为主的格局。关税和规范的非关税壁垒的作用逐步代替了行政管理，经济杠杆的作用有所加强。在微观方面，外贸部门引进了竞争机制；促进了企业从业务方向的专业化（专业外贸公司）向业务环节专业化方向的转变，实行代理制；在企业的产权明晰化方面，试行股份制，以强化企业的激励机制。我国外贸体制在宏观和微观方面的改革调动了外贸企业的积极性和活力，使对外贸易迅速发展，为我国经济的高速增长作出了巨大贡献。

外贸体制改革对我国经济增长的作用是通过贸易改革竞争效应来实现的。根据盛斌（1996）的研究，不完全竞争的市场结构在中国广泛存在。分析中国1993年以来贸易改革所带来的竞争效应，通过研究9个具备垄断竞争型市场结构的部门发现，1993年以来贸易改革确实发挥其竞争效应：市场的垄断程度得到削弱、规模经济效应得到发挥、全要素生产率的增长率大幅提高。

3. 存在的问题

中国外贸体制改革所焕发出的参与国际分工，从国际贸易中获得经济利益的积极性以及由此带来的对外贸易质和量上的发展是不容否认的。然而，由于改革的渐进性以及经济体制尚处于转变过程，现实对进一步改革提出了一些挑战和值得思考的问题。

（1）权利下放带来两方面的问题：一是国有外贸企业放开经营之后，

在引进竞争机制的同时，也降低了外贸企业的赢利水平，在企业制度没有配套改革之前，较低的利润率难以支撑在计划经济体制下建立起来的规模较大的国有外贸公司及其一系列机构；二是20多万家有外贸经营权的企业竞争客户，促使利润率下降以及相互间出口价格的竞争，造成所谓“肥水外流”。

（2）推行代理制意味着外贸企业人员规模要相应加以调整。否则，代理条件下的外贸企业难以赢利，其中并非收入太少，而是各个环节的经营成本太高，加之外贸企业的相互竞争又加剧了利润率的下降，从而导致外贸代理制难以推行。

（3）股份制改革不到位。从根本意义上来讲，我们进行股份制改革的目的是强化外贸企业监督机制、激励机制、竞争机制等运行机制，以使外贸企业成为真正自负盈亏、自主经营的法人实体。但是，目前外贸企业的改制和重组，其主要目的却是从金融市场上筹集资金，这就意味着，在国有外贸企业的监督机制、激励机制、竞争机制等运行机制还没有建立或完善的情况下，企业的股份制改革走了样。这为从根本上改革国有外贸企业、建立现代企业制度又增加了一道障碍。

第四章

发展我国外贸的政策选择

无论我国贸易总量、进出口商品结构和竞争力，还是国内外宏观经济环境的变化，都已显示出缘于国内供给能力不足而实施“以出养进”的出口导向型贸易战略走到了尽头，进一步拓展我国外贸规模的空间及增长速度都已不大。在供给相对过剩而有效需求相对不足的发展中大国，其经济发展的内在动力将越来越依赖于内需的扩大。我国贸易发展战略的宏观背景已经发生根本性变化，要求我们实施新的贸易战略与政策。

一、 改革外贸管理体制

改革外贸管理制度，变审批制为登记制，赋予企业更广泛的外贸经营权，放开经营，公平竞争。

由于历史原因，我国目前仍实行外贸经营权审批制度，仅在少数地区进行外贸经营权登记制的试点，而且在赋予生产企业外贸自营权的同时，仍在限制其经营范围。这与世贸组织有关协议关于国营贸易企业的规定有较大抵触。随着我国经济体制改革的深化和现代企业制度建设的加快，我国已基本具备更大范围放松外贸经营权管理的经济基础和制度条件。因此，为与世贸组织有关条款协调一致，避免引起贸易磨擦，在外贸管理制度改革方面应采取如下措施：

（1）改革外贸经营审批制度，变审批制为登记制。这是消除当前外贸企业经营行为扭曲，提高对外贸易对经济增长长期贡献度的一个重大举措。

（2）可尝试除极少数关系国计民生的、极易引起贸易磨擦的商品外，大多数商品均应允许有外贸经营权的企业自主经营、公平竞争，在竞争中推行代理制。

（3）针对东南沿海与中西部地区，不同产业发展规模及竞争力的差异，制定不同标准，在外经贸部及相关部门协调后，力争在全国较大范围内推行外贸经营权的登记制度，不要造成地区间发展中的政策差异。

（4）在企业所有制方面，要遵循国有、集体、乡镇及私营企业、股份制企业一视同仁的原则，在标准面前所有企业一律平等。

二、推进外贸国有企业改革

进一步理顺政企关系，积极推进外贸国有企业股份制改革。

国有外贸企业在宏观和微观上改革的不到位或不配套，造成了企业多方面的经营困难。在现实中表现为企业缺乏动力机制，经营出现亏损，规模效益较差，无监督机制修正等。这些因体制改革不完善而带来的问题，又由于政府政策调整带来的亏损混入其中，模糊了企业经营者的责任，使国有外贸企业经营不利的原因更加复杂。因此，国有外贸企业的改革发展到今天，尚需在如下两方面进行根本性的改革：

（1）更好协调政府与企业的关系，以使国有外贸企业能够独立经营，将政策性亏损从正常的企业经营中分离出来，防止企业将经营不善归结为政府的不当干预及政策调整。

（2）继续推进国有外贸企业的股份制改革，通过股份制改造，使企业真正形成内在的监督机制、激励机制及强烈的竞争机制。

三、改革外贸企业调控方式

改革外贸企业的调控方式，变行政杠杆调控为经济杠杆调控。

在建立社会主义市场经济过程中，外贸企业和出口生产企业是经营实体，各级对外贸易经济合作部门的职责是规划、协调、监督和服务，即通过加强外贸宏观管理制定外贸发展战略及相应的方针政策，为企业实现平等竞争创造良好的外部环境。应当指出，在由计划经济向社会主义市场经济的过渡中，我国外贸企业和直接出口生产企业对国家行政管理部门的依附性较少，主要是依靠国家根据各种市场信息，综合运用各种经济杠杆的调控作用，引导企业完成国家的进出口计划。汇率、税率和利率都是价格形成机制的重要因素，因而每一种经济杠杆的变动，都会引起进出口商品成本和销售价格的变化。对外贸易涉及贸、农贸、商贸、技贸以及国民经济各部门的经济利益关系。所以，国家通过对国民经济各种宏观变量的预测，及时调整汇率、生产率及利率等各种经济杠杆调节进出口贸易，促进全国进出口总量的平衡和进出口商品结构的优化，努力提高外贸的经济效益。具体措施主要如下：

（1）改革和完善汇率制度，强化外贸企业自负盈亏机制。

（2）继续降低关税，清理非法定减免关税。

（3）进一步贯彻出口退税制度，减轻企业税收负担。

四、规范、鼓励和促进产业发展

按世贸组织原则规范鼓励和促进产业发展的外贸措施。

根据 1994 年《关贸总协定》第 18 条规定，发展中国家或处于低生活水平的国家政府可以对本国特定工业实行保护，保护方式可以采取关税或修改关税减让承诺，也可以采取进口数量限制措施，但必须与世贸组织磋商，获准后方可实行。并且1994年《关贸总协定》第12条及第18条也允许世贸组织成员在国际收支出现严重不平衡或对外金融地位受到严重威胁时，也可以采取提高关税或修改关税减让义务，或采取进口数量限制保护国内相关产业发展。此外，第19条进口保障措施认为当一成员履行世贸组织义务时，如果出现不可预见的情况，使其进口大量增加，并因而引起国内生产同类产品工业的重大损害或有重大损害威胁时，其可以向货物贸易理事会提出，经一定程序后可采取合理保护措施。如果进口商品存在补贴或倾销，还可按《反倾销协议》《补贴与反补贴协议》对其征收反倾销税与反补贴税，以维护公平竞争。

五、 优化进出口结构

优化进出口商品结构，提高对外贸易对国内产业结构升级的拉动作用。

对外贸易的发展能否带动本国产业结构的优化和提升，是衡量对外贸易对经济增长长期贡献度的一个重要方面。对外贸易对国内产业结构优化的促进作用，主要是通过进口的“推力”和出口的“拉力”实现的。也就是说，进口商品结构要偏向为未来的高新产业提供要素和技术支持，出口商品结构要偏向为这些高难度新产业提供销售市场。进出口商品结构优化的目标，即提高资本和知识技术密集型商品在总贸易额中的比重。

从20世纪80年代中期开始，一些劳动密集型的纺织、轻工产品的出口快速增长，这些产品成为我国工业制成品出口的主体。一些产品如纺织品、服装、皮革制品和玩具等如今已经在世界市场上占据了很高折的份额，发达国家也对我国这些产品的出口给予越来越严格的限制，如对纺织品和服装的“多种纤维协定”的配额。因此，尽管我国在这些商品上仍具有很强的竞争力，但进一步扩大出口将比较困难。90年代以来，我国机电产品的出口增长较快，这在一定程度上反映了出口结构的提高，但这种结构变化并不意味着我国比较优势的改变和技术水平的明显提高。因为，这些电子和机械产品的国际竞争力仍旧源于低劳动成本和免税进口的中间投入品，而不是源自技术和资本方面的优势。

自 20 世纪 90 年代以来，以信息技术为主导的新技术革命蓬勃发展，世界产业结构发生了深刻变化。发达国家科技与产业飞速发展，据 OECD 统计，其主要成员国的高新技术产业在制造业的比重不断提高，已占 GDP 的 30%；出口商品结构逐步转到以高新技术产品为主的方向，OECD 国家高新技术产品出口占工业制成品出口比重目前已接近 40%。根据世界银行《1998 年世界发展指南》，1996 年一些新兴市场高新技术产品占工业制成品出口达到相当高水平，新加坡为 71%，马来西亚为 67%，韩国为 39%，墨西哥为 32%，而我国台湾地区目前已接近 50%。世界科技革命及全球产业结构深刻变化，使我国面对发达国家和部分新兴市场科技与产业巨大优势的竞争压力。

因此，实施科技兴贸战略，大力推动高新技术产品出口，加快我国出口产业的技术创新，全面增强国内出口企业的竞争优势，是我国外贸跨世纪发展的重大课题。当前，我国应加快相关政策的调整，全面深化贸易制度和相关体制的改革，并将技术引进与自主创新结合起来，全面促进我国高新技术产业的振兴和扩大高新技术产品出口，在新的国际竞争格局中占据更加有利的位置。

就我国而言，加快出口商品结构升级存在两方面的现实困难：首先，劳动密集型商品是目前我国的比较优势商品，资本和知识技术密集型商品是目前我国的比较劣势商品；其次，劳动密集型商品出口对提高我国的就业水平关系重大，如果这些商品的出口下滑，必将导致大量失业。面对这两方面的现实困难，当前最重要的举措，就不在于减少仍具有比较优势的劳动密集型产品的出口，而在于抓紧采取必要的进口保护和国内产业扶持政策，以逐步实现比较优势由劳动密集型产品向资本、技术密集型产品转变，同时，引导社会就业由劳动密集型行业向知识技术密集型行业过渡，这才是优化我国出口商品结构的当务之急。

六、 加强对加工贸易调控

加强对加工贸易的宏观调控，提高一般贸易在总贸易额中的比重。

在我国的贸易方式构成中，加工贸易比重最大。但加工贸易相对于我国整体经济运行而言，基本上属于“体外循环”，亦即这种贸易方式与国内经济的联动效应差。因此，无论是加工贸易进口还是加工贸易出口，其对经济增长的抖动作用都要小于一般贸易。从提高对外贸易长期贡献度的角度来看，加工贸易的比重不宜过大。但考虑到目前加工贸易在提高相关省市（如广东省）就业水平方面所发挥的重要作用，现有的加工贸易税收优惠政策不能过快取消，否则将导致加工贸易在短期内出现大幅下降，这将对我国对外贸易的稳定发展和相关地区的社会就业产生诸多不利影响。因此，当前的重点是：

（1）要加强针对加工贸易的监管工作，坚决遏制监管不力所导致的走私行为。

（2）要引导加工贸易由半成品加工向原材料加工转变，延长加工贸易在我国境内的生产链条。

（3）要鼓励来样加工，限制来件、来料及进料加工，以促使加工企业多使用国产原材料。

如果以上措施得以实施，将在限制加工贸易过快增长的同时，提高这种贸易方式以我国经济增长的贡献度。此外，由于一般贸易的发展对经济增长的贡献更大，因此需要通过政策倾斜，加大对一般贸易的扶持力度。当然，一般贸易在总贸易额中的比重能否提高，关键还在于从事一般贸易的外贸企业的竞争实力能否得到加强。

·第二篇· 企业国际化

第五章

国际产品生命周期与企业跨国经营——兼评弗农国际产品生命周期理论*

20 世纪 80 年代以来，随着科技革命以及经济全球化的迅猛发展，国际产品生命周期出现普遍缩短的趋势，这对跨国公司在生产、销售、组织结构和经营战略等各方面均产生了重大的影响。

20 世纪 60 年代，美国学者史蒂芬·海默（Stephen Hymer，1960）的《一国企业的国际经营活动：直接投资研究》一文，开创性地将传统的产业组织理论应用于企业跨国经营分析，从而建立起了独立的企业跨国经营理论。此后，雷蒙德·弗农（R. Vernon，1966）提出了国际产品周期理论、巴克利和卡森（P. J. Buckley 和 M. Casson，1976）提出了内部化理论，邓宁（John H. Duning，1976）提出国际生产折中理论以及小岛清（1978）提出了日本式的对外直接投资理论。值得注意的是，弗农的国际产品周期理论以产品本身所处的生命周期来对企业跨国经营动因分析而独树一帜。但是，自 20 世纪 80 年代以来，随着科技革命以及经济全球化的迅速发展，国际产品周期呈加速缩短的趋势，这对企业跨国经营产生了重大影响。本章将在对弗农国际产品生命周期理论进行评析的基础上，对产品周期缩短

* 唐任伍，王宏新．国际产品生命周期与企业跨国经营——兼评弗农国际产品生命周期理论［J］．经济管理，2002（23）：49-52.

趋势的成因及其对企业跨国经营在生产、经营、经营战略等各方面产生的影响进行分析，以期对我国企业进行跨国经营提供一点借鉴。

一、 弗农国际产品生命周期理论评析

1966 年，弗农以《产品周期中的国际贸易与投资》一文奠定了国际产品周期理论的基础。该理论以美国为例对企业跨国经营的动因进行了分析。他认为，美国经济发达、技术进步、人均收入高，但劳动成本也高，其既有产品创新的强烈动机，同时也面临劳动成本上升的压力。这一特点决定了美国企业国际化经营的特点——本国创新、国际化生产。但究竟何时在国内生产、何时出口以及何时何地国外生产，这就决定于产品的周期。他将产品周期从该产品进入市场时划分为三个阶段，即成长阶段（创新阶段）、成熟阶段和标准化阶段。

产品成长阶段，由于美国国内消费者的高收入以及国内创新性产品供不应求，产品的国内需求弹性很低，同时企业对产品拥有垄断，在国内市场处于垄断地位，因此企业在此阶段的定位是国内创新、国内生产、国内消费。

进入成熟产品阶段后，随着经验和技术的积累，产品的设计和生产有了某些标准化的因素，而此时模仿者（潜在的竞争对手）也开始出现。由此，企业的经营战略开始着眼于生产成本和市场占有率。这两方面因素使企业开始关注起国际市场。按照利润最大化原则，当美国边际生产成本加上运输成本低于进口市场的预期平均生产成本时，美国企业会选择出口；当边际生产成本加上运输成本高于进口市场的预期平均生产成本时，美国企业会选择对外直接投资。由于西欧国家在经济发展程度、技术和消费水平等方面与美国接近，而且劳动成本相对低，因此美国把西欧作为优先选择出口和对外直接投资的对象。

当产品进入标准化阶段后，企业优先考虑的是新一轮的技术革新和产

品换代，原产品的成本成为企业在市场竞争中考虑的唯一因素。因而企业的对外直接投资将选择成本最低的地点。由于西欧这样的发达国家也出现大量的模仿者，使在西欧生产和销售变得越来越困难，使企业的战略性调整转向发展中国家。

弗农的国际产品周期理论的提出与二战后美国企业国际化历程是相当一致的。1950—1980 年，美国企业对外直接投资从 118 亿美元上升到 2000 亿美元。在 20 世纪 50 年代，这类投资的大部分集中在与美国相邻的拉美国家和加拿大。到了 20 世纪 60 年代初期，投资重心转移至欧洲，欧共体所占美国企业对外直接投资份额从 1957 年的 16%增至 1966 年的 32%。最后，在 70 年代，投资重心转移至发展中国家，发展中国家吸收的美国对外直接投资份额从 1974 年的 18%增至 1980 年的 25%。

国际产品生命周期理论的贡献在于它不仅为企业跨国经营的动因找到一种独特的视角，而且也是战后企业跨国经营战略的一种总结。但进入 20 世纪 80 年代以后，其理论缺陷也逐渐暴露出来：

第一，该理论成功地解释了美国企业战后初期至 20 世纪 80 年代的跨国经营的动因，但它无法解释在 20 世纪 80 年代前非技术创新主导型企业的跨国经营。

第二，该理论无法解释 20 世纪 80 年代初以来日益增多的发达国家之间双向投资现象。

第三，该理论无法解释那些非标准化产品部门（如石油生产部门）的对外投资。

第四，该理论不能解释跨国企业拥有特殊优势的来源。

第五，仅就产品周期而言，该理论也具有局限性；它是一种相对静态的产品周期理论。不断加快的新产品引进步伐和创新领先时间的缩短，对企业跨国经营会产生重要影响。跨国企业越来越以全球市场为导向，在日益缩短的产品生命周期中对资源进行有预见性的开发，以产品为导向的、被动式的跨国经营理论，已走到了尽头。

二、 国际产品生命周期缩短成因分析

首先，20 世纪 80 年代以来，新技术革命加速发展，技术发明加快，产品开发周期缩短和灵活加工技术采用是导致产品生命周期大大缩短的根本原因。各种各样的计算机辅助设计系统使研究开发人员摆脱了大量的案头工作，方便快捷地将自己的设想转变为他人或机器可以接受的信息。计算机辅助设计和制造系统改变了传统的生产工序分工，克服了生产过程的分割状态。生产过程的同质性增强，生产设备变得非常相似，如控制系统和设计系统在不同的生产部门可以通用。某个部门的生产技术不仅限用于本部门，而且可应用于许多附属的子部门，原有的部门分类变得模糊。机电一体化生产系统可以根据消费者需要随意改变产品的品种、型号甚至性能而不会延迟工时。这都使新产品从开发，设计到生产、销售的节奏大大加快。以硬盘驱动器生产为例；硬盘驱动器产品周期缩短非常迅速，主机驱动器等高端产品的生命周期从 24 个月缩短到 12 个月；台式计算机使用的驱动器产品生命周期更短，每 9 个月就有新一代产品推出；个人终端机的产品生命周期已被缩短至 6 个月。再如，在资本密集程度极高的汽车制造业，从生产基础建设到产品进入市场所需的时间已很短。德国 BMW 公司和 Daimler Benz 公司（与瑞士 Swatch 和法国 SOFIREM 合作），在美国和法国投资 500 万美元的小轿车生产项目，从基建到产品交付用户也只有 2.5 年至 3 年的时间。

其次，信息技术的迅速发展为国际产品生命周期缩短提供了重要的技术条件。信息技术提高了跨国公司新产品研究开发的效率。通过互联网络可以在全球范围内临时组成虚拟化研究与开发组织，极大地提高了跨国公司的技术创新能力，这大大缩短了产品生命周期。

最后，我们要深刻认识到，跨国公司的全球竞争也是产品生命周期缩

短的重要诱因。跨国公司越来越激烈的竞争，内在地驱使其不断地革新技术、创新营销方式以最短的时间占领国际市场，这一方面推动了消费者全球同步，另一方面反过来又刺激跨国公司进行技术和管理进一步创新。

三、国际产品生命周期缩短对企业跨国经营的影响

1. 促使跨国公司生产走向柔性化

传统的生产系统是一种大规模、标准化的生产模式；其特点是批量生产、批量销售，产品的生产周期长，产品样式标准划一，需投入大量的人力、物力和财力。随着企业竞争的激烈与消费者消费同步化、个性化和超前化，需求变化的周期大大缩短，这就使产品生命周期也趋于缩短。因此，需要变革难以适应新形势的传统生产模式，使“个性化、多品种、小批量”的生产和服务成为可能，于是信息技术渗透下的新的生产模式——柔性制造系统（FMS）应运而生。这种生产系统就是借助计算机辅助设计（CAD）、计算机辅助制造（CAM）、计算机集成制造（CIMS）、并行工程（CE）、敏捷制造（AM）等信息技术，使企业的生产从市场分析、产品设计、生产计划与加工、质量保证和监测等全过程实施信息化和智能化。尤其是全球性电子计算机集成制造系统（CIMS）的实现，使企业更能克服空间限制，可以在全球任何地方以最快的速度，在最短的时间内获得产品信息、订货、设计，进行生产控制、产品调度和销售，从而实现全球性快速生产和服务。

2. 引发跨国公司营销理念、方式转变

产品生命周期缩短对企业营销产生了巨大影响。第一，产品生命周期缩短让企业营销经理们无法有效识别产品真正在市场中位于生命周期的哪个阶段，也无法预测何时进入下一个阶段，因而对市场营销战略及其调整增加了难度，使其可操作性大打折扣。第二，随着产品生命周期缩短以及

新产品的不断上市，一个企业如何持久地拥有足够多的顾客就成为企业在国际竞争中成败的关键，这就对企业传统营销理念和营销方式提出了挑战。一方面，企业更加重视关系营销（relationship marketing），从以产品为导向转向以顾客为导向，更加重视企业与顾客关系，致力于延长客户生命周期，由此产生“客户关系生命周期”；另一方面，企业更加注重利用信息技术和信息传播全球化的趋势，大力发展网络营销（internet marketing）方式。利用计算机、多媒体和因特网技术，使市场信息准确、实时、连续地在企业与企业、企业与消费者、企业与社会公众之间相互交流，并适时反馈回企业，以保证向消费者提供满意的产品和服务。这不仅大大缩短了企业与消费者、企业与企业间供应链的距离，甚至无须中间商的参与，减少了营销的中间环节，降低了交易成本，从而大大延长了营销时间，相对延长了产品生命周期。反之，如果不抓住这种机会，产品进入市场缓慢则会导致产品很快就被市场淘汰出局，企业丧失商机。正如美国 Quantum Crop 公司执行副总裁 William Roach 所说：“如果你及时进入市场，你将获得许多好处，你的毛利润会增加，你会赢得客户；如果你进入市场迟了，你就将失去这一切，根本得不到补偿。”

3. 导致跨国公司的组织结构更加扁平

传统的企业组织结构是一种直线式结构，管理呈现出垂直性。机构臃肿、冗员多、横向沟通困难、信息传递失真，对外界环境变化反应迟缓等弊端，这些因素都导致了企业生产、经营决策周期太长，不能适应产品周期缩短的要求。

出于对市场信息快速反应、加快企业推出新产品的时间，跨国企业都致力于企业组织结构优化，减弱甚至消除传统企业组织结构的科层制，使企业组织扁平化；另外，虚拟企业、战略性伙伴、项目小组等新型组织形式纷纷出现，企业的组织更加灵活。这种组织革新提高了企业对市场变化的灵敏性，有利于企业把不同国家、地区的现有资源迅速组合成为一种超越时空的网络化经营实体，以最快的速度推出高质量、低成本的新产品，增加企业的国际竞争力。企业还借助计算机技术和网络技术对信息进行采集、分析、评价和传播，信息的交流呈现互动性，纵向、横向沟通均非常容易，形成了一种扁平化的“动态网络结构”。

4. 推动跨国公司并购和战略联盟的发展

近年来，技术突破和重大创新越来越依靠学科间和产业之间的交流与合作，打破了原先那种有明确边界的学科划分和产业部门。一个企业所具备的能力和资源及其有限，仅仅依靠自己内部的研究与开发工作，很难进行有效竞争。而且，产品生命周期日益缩短，技术变得日益复杂，研究与开发费用也由于人工成本的资本成本的提高而大幅增加，这既增加了时间的紧迫性和风险暴露，又降低了大量研究与开发的潜在回报，“企业在日趋激烈的竞争市场中需要以最快的速度增长，通过在全球市场上进行并购而获取外部专项资产或资源，乃至一个新的业务领域，以抢占知识源头，形成持续的技术开发能力，建立起速度优势就成为必然选择”。据联合国贸发会议《2001 年世界投资报告》称，1990 年全球跨国并购金额为 1510 亿美元，而 2000 年上升到 11440 亿美元。

但是，企业并购不够灵活，且并购后整合也需一段时间，难以应付需求格局变化和产品生命周期缩短所导致的许多问题。于是许多企业转而通过战略伙伴合作方式，来保持企业的竞争力。战略伙伴合作的好处包括：重要技术集中使用，所有权优势和内部化优势共享，东道国区位优势得到发挥。战略伙伴合作可以使企业获得补充性技术，降低成本和风险，创造出新的溢出效应。在技术先进性行业，缔结战略伙伴关系的目的在于增强技术优势，加快发明速度，获取有形和无形资源，降低研究与开发的成本和风险。如果没有战略伙伴，跨国公司将无法在全球进行产品开发、制造和研发。据联合国贸易与发展会议统计，全球跨国企业间协议数由 1990 年的 1760 项增加到 1995 年的 4600 项，其中不包括战略研究与开发合作，而战略研究与开发合作从 1991 年的 280 个增加到 1994 年的 600 个。

5. 促使跨国公司的经营战略发生转变

首先，跨国公司对外直接投资的区位选择发生了变化：发达国家跨国公司的跨国经营区位选择已从弗农的“北美—西欧—发展中国家”的模式变为“北美—西欧、日本”及“北美、西欧、日本—发展中国家”并举的模式。这一方面，是因为技术扩散与世界范围的消费偏好结合在一起，使美、欧、日等发达国家在技术、产品创新的差距越来越小，地域因素也逐渐淡化，为占领对方市场，延伸开发出来的新产品生命周期，发达国家内部自 20 世纪 80 年代以来大幅增加产业内贸易、投资；另一方面，发展中国家越来越深地陷入经济全球化、发达国家跨国公司在竞争发展中国家市场时意识到，只有顺应市场的需求，尽可能快地对当时市场做出反应，并且将创新产品向全球扩撒，才能立于不败之地。据《2001 年世界投资报告》统计，在发达国家内部，“三巨头”（美国、欧盟、日本）1989—1994 年的外国直接投资（Foreign Direct Investment，FDI）的平均水平占世界流入的 60%、占世界流出的 80%，2000 年分别为 71%、82%；1989 年平均流入发展中国家的 FDI 为 596 亿美元，2000 年达 2400 亿美元。

其次，跨国公司的跨国经营战略也开始发生了重大变化：跨国公司已从过去的国际型（International）、多国型（Multinational）及全球型（Global）企业逐渐转变为跨国型（Transnational）企业。国际型企业遵循产品导向，把跨国贸易与投资作为剩余产品的出路；多国型企业则受外国环境影响的增加和源于国外的销售和赢利重要性的增加，开始有意识地根据不同国家市场需求的特点来设计不同的产品和经营方法；全球型企业则是随着国际市场跨国公司数量的增加，竞争已具有全球性，迫使企业以全球市场为导向，在全球范围配置资源和开拓市场，赢得竞争优势。自 20 世纪 80 年代以来，随着跨国公司竞争加剧、产品生命周期缩短，引起了跨国公司大规模的并购以及战略联盟的出现。为应对 21 世纪更为激烈的竞争，如何构建持续的核心能力成为每个企业在竞争中取胜的关键。面对这种情形，跨国公司开始转变为真正意义上的跨国型企业，即同等重视全球化与当地化两种趋势，寻求经营当地化与全球一体化之均衡（帕拉哈拉德、伊夫·多茨，2001），在维持它们的全球化效能的同时对当地的需要做出更为灵敏的反应（巴特利特，2000）。

第六章

企业国际化阶段的理论发展评述*

企业国际化阶段理论认为企业国际化是企业对外国市场逐渐提高投入的连续过程，通常经历“不规则的出口活动（直接出口）—通过代理商出口（间接出口）—建立海外销售子公司—建立海外生产和制造分支”四个阶段。该理论在某种程度上弥补了对外直接投资主流理论的内在缺陷而将在企业对外直接投资动态化，对当今企业尤其是中小企业的国际化行为有很强的解释力。但是，由于该理论过分强调企业国际化过程中市场知识的重要性，而忽略了企业国际化的其他动因，没有吸收对外直接投资主流理论的合理成分，因而也具有内在缺陷。

一、 背景

自20世纪60年代以来，由垄断优势论、内部化理论和国际生产折中理论三大理论逐渐占据了对外直接投资理论的主导地位而成为对外直接投资主流理论。作为企业国际化理论的一部分，对外直接投资主流理论对二战以后，尤其是60年代以来的企业对外直接投资现象进行了持续不断的理

* 王宏新，毛中根．企业国际化阶段的理论发展评述［J］．上海经济研究，2007（2）：88-92.

论解释，为企业国际化理论的发展做出了巨大贡献。

但是，在肯定对外直接投资主流理论成就的同时，我们也应认识到该理论的其内在缺陷，这些缺陷制约了该理论在企业国际化理论体系中的解释力和生存空间。首先，垄断优势论仅仅能解释20世纪60年代特定跨国公司的国际化现象，而不具有普遍性。在垄断优势论下，企业只有拥有垄断优势才能走出国门。但是从现实中来看，自70年代开始，第二世界、第三世界的企业也纷纷走出国门，而它们不一定都具有垄断优势。垄断优势论就解释不了这一现象。其次，内部化理论主要是从交易成本的角度去寻找投资方的动机，而忽视了影响企业对外直接投资的其他因素，如东道国宏观经济因素、自然环境因素、客观基本条件等因素的影响。它虽然超越了垄断优势论，但同时也将自己封闭在交易成本理论中。最后，国际生产折中理论虽在一定程度上弥补了以往理论片面性和不完整性，但是折中理论将所有权、内部化、区位优势三种因素等量齐观，分析方法仍然是静态的，这与形式多样、变化频繁的企业跨国投资实践是有较大差距的。而且，国际生产折衷理论实际上只是用来解释企业国际直接投资、商品出口、以许可证转让技术这三种经济活动的选择行为的成因，而对三者之间的动态转化缺乏解释。更重要的是，折中理论的研究对象仍是发达国家的大型跨国公司，很难解释那些并不具备独占性技术优势的中小企业和发展中国家企业的对外直接投资行为。

正因如此，在20世纪70年代中期诞生的企业国际化阶段理论引起了学术界的重视，它们在某种程度上弥补了对外直接投资主流理论的内在缺陷，因而成为与对外直接投资主流理论相齐名的企业国际化动态理论。

二、企业国际化理论框架与主要内容

按照著名学者Welch和Luostarinen的定义，企业国际化是“在国际

(市场)经营中增加投入的过程”(Welch 和 Luostarinen, 1988)。因此,企业国际化实质上就是企业国际化经营的过程或进程,或者说是企业由国内企业向国际企业转变的过程。但是,这种企业国际化的观点对于中小企业来说更多的意味着威胁而不是机会,中小企业只能是母国导向的。因此,早期的研究都集中在大企业的国际化上,中小企业的国际化成了一个无人问津的领域(Coviello 和 Murro, 1997; Holmlund 和 Kock, 1998),不仅理论上是如此,事实上有时候也是如此。许多中小企业在开始国际化进程后不久便停止了,或许是因为它们没有持续的资源投入,也可能是它们缺乏国际化经营知识,还有可能是它们缺乏在国际层面上进行经营的管理模式。总之,它们的出口行为通常来说是偶然的,并没有全盘的国际化经营视野(a holistic view)。

但是,到了 20 世纪 70 年代中期以后,瑞典乌普萨拉大学的几位学者 Johanson 和 Wiedersheim-paul(1975)、Johanson 和 Vahlne(1997)等在对北欧企业国际化研究过程中建立了一个新的理论——企业国际化阶段理论。由于这些学者大多出自在欧洲享誉盛名的瑞典乌普萨拉大学,因此该理论也称为乌普萨拉理论或乌普萨拉模型(Uppsala Model, U-M)。该理论的核心论点是:企业国际化是一个发展过程且这一发展过程表现为企业对外国市场逐渐提高投入(Incremental Commitment)的连续形式。这一理论不仅适用于大企业,也适用于中小企业。

Johanson 和 Vahlne 对瑞典四家有代表性的制造业企业进行了深入的案例研究。在对它们的海外经营过程进行比较研究时发现,这些企业在国际化进程中表现出某种规律性,即都可用几个不同的阶段来描述这些企业的国际化进程:一个企业通常通过直接出口开始其国家化进程;经过一段时间以后开始通过其在海外的代理商的帮助下出口,即所谓的间接出口;接下来的阶段是在国外市场建立自己的销售分支;最后的阶段则是在国外设计自己的生产或制造分支(Johanson 和 Vahlne, 1977)。如表 6-1 所示是四家瑞典公司国际化经营方式的演变顺序。

表 6-1　瑞典四家公司国际化经营的演变

				模式			
			海外销售分支的设立	海外生产分支的设立			
			N	*A*	*N*	*A*	*S*
			↓	↓	↓	↓	↓
			S	*S*	*P*	*P*	*P*
Sandvik	2	18	0	2	13		
Altasco pco	3	14	0	3	9		
Facit	0	14	0	2	3		
Volve	2	10	0	2	3		
总计	7	56	0	9	28		

注：*N* 表示企业在该国无正常出口业务，*A* 表示企业在该国通过中间商出口，*S* 表示企业在该国设有海外销售分支，*P* 表示企业在该国设有海外生产与制造分支，*N*→ *S* 表示企业在该国设立分支以前，在该国无经常出口业务，*S*→ *P* 表示企业在该国设立海外生产分支之前已经设有销售分支，如此类推。

资料来源：Johanson，J. And J. –E. Vahln e，1977：The Internationalization Process of the Firms–A Model of Knowledge Development and Increasing Market Com mitment，Journal of International Business Studies，Vol. 8，No. 2，23– 32.

表 6–1 中的第二列至第六列代表企业特定的经营方式的发展顺序。第二列、第三列表示海外销售分支建立的方式。在所调查的 4 家企业的 63 个海外销售分支中 ，只有 7 例是从纯国内经营直接建立海外销售分支的。其余 56 家都是从原先的出口中间商的基础上发展起来的。第四列至第六列数字表示海外生产分支的三种不同发展顺序。Sandvik 和 Atlascopco 两家公司的 27 个海外生产分支中 ，只有 5 例是从出口中间商发展起来的；其余 22 例都是从海外销售分支的基础上发展起来的。从这 4 家公司 37 个海外生产点建立的过程来看 ，每个国外分公司都是在对该国销售已经通过中间商或销售分支打开局面之后才建立的。没有一例是企业跳过出口销售的试验阶段。由此说明企业国际化经营是遵循“由易而难，逐步升级”的发展

过程。

从表 6-1 中看到，Johanson 等区分了企业海外经营的四个不同发展阶段：(1) 不规则的出口活动（直接出口）；(2) 通过代理商出口（间接出口）；(3) 建立海外销售子公司；(4) 建立海外生产和制造分支。它们分别表示一个企业的海外市场卷入程度或由浅入深的国际化程度。Johanson 等人认为，企业国际化的这四个阶段是一个“连续”“渐进”的过程。企业国际化的渐进性主要体现在两方面：一是企业市场范围扩大的地理顺序，通常是本地市场→地区市场→全国市场→海外相邻市场→全球市场。二是企业国际化经营方式的演变，最常见的类型是纯国内经营→通过中间商间接出口→直接出口→设立海外销售分支→海外生产。企业海外经营活动从第一阶段向第四阶段的演进说明其资源投入量的增加，同时也表明其对海外市场信息渠道的控制能力的变化。显然，在不规则出口阶段，企业对出口市场不需要或极少投入资源，在掌握市场信息方面也是零散和不规则的。在代理出口阶，企业有了固定的海外市场信息渠道，同时也为出口市场投入一部分资源。当企业开始建立海外销售分支时，需要在投资的种类和数量上有相当增加，同时，企业可以直接掌握市场信息并获得该市场的知识和经验。最后，当企业在海外建立直接的生产分支时，表明该企业更深地卷入海外市场。

三、解释模型：“心理距离”和企业国际化动态模型

为什么企业在国际化过程中会表现出在市场范围上的由近及远以及在投入上的由少到多的阶段性特征呢？这是国际化进程问题的关键，同时也是北欧学派国际化阶段理论的立论根本。为此，北欧学派用“心理距离”(Phychic Distance）和企业国际化动态模型来进行阐释。

“心理距离”指的是“阻碍或扰乱企业与市场之间信息流动的因素，包括语言、文化、政治体制、教育水平、产业发展水平等”（Johanson 和

Wiedersherim-Paul，1975）北欧学派用“心理距离”的概念分析、解释企业选择海外市场由近及远的先后次序。当企业面临不同的外国市场时，选择市场的次序遵循心理距离由近到远的原则，Johanson 和 Wiedersherim-Paul 研究发现，瑞典的企业总是把其邻国——丹麦、挪威、芬兰等国作为国外市场的首选目标。理由是企业在一个相对熟悉的环境下经营的成功概率要比在一个完全陌生的环境中大。

但是，“心理距离”模型仅仅能解释企业为何会由近及远进行国际化步伐，并不能解释企业卷入国际化的程度即投入的增加。为此，Johanson 和 Vahlne 构建了一个企业国际化动态模型（Johanson 和 Vahlne，1990），通过对国际化“状态”（State）和“变化”（Change）方面的变量进行区分而得出了国际化卷入程度的变化结论。状态是指市场投入（对外国市场投入资源）和对国外市场与经营的只是；变化则指投入资源的决定和当前的经营活动。一个基本的理论假设是：市场知识和市场投入会影响到投入决策和当前的经营活动的方式的变化；反之，投入决策和当前的经营活动的变化也会影响到市场知识状态和市场投入的改变（见图 6-1）。

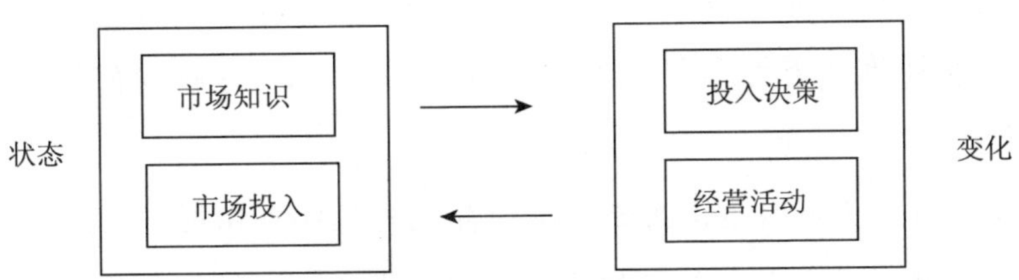

资料来源：Johanson，J. and Vahlne，J. -E.（1990），*The Mechanism of Internationalization*，International Marketing Review Vol. 7.

图 6-1　图北欧学派企业国际化动态模型

市场知识分为两部分，一部分是一般的企业经营知识和技术，即客观知识可以从教育过程、书本中学到；另一部分是关于特定市场的知识和经验，或称经验知识，只能通过亲身的工作实践来积累。决策者拥有市场知识的多寡直接影响其在外国市场的机会和对风险的认识，从而影响海外市场的经营决策。同时，特定市场知识的应用可以从一国转移至别国，从而有利于企业国际化进程的加速。因此，北欧理论的关键假设是海外经营的经验决定海外经营活动。

市场投入也由两种因素组成，即投入资源的数量和投入的程度。资源的数量可按对市场投资（市场营销、组织、人员等）的规模来计算；投入程度则指发现并转向另一种资源投入方法的困难程度，它与沉没成本的概念较为紧密。

市场知识和市场投入之间的直接关系有如下假定：知识可以被看作人力资源的一个方面，对一个市场的知识掌握程度越好，资源就更有价值，对该市场的投入就更加强劲。对经验知识来讲这种假定非常正确。

当前经营活动是经验的首要来源，投入决策与对国外经营投入当前资源的决定有关。假定这些决定是对某市场中可察觉到的问题或机会的反应，那么投入决策将取决与经验并和当前在市场的经营活动有关。当企业缺乏对国外市场信息的了解时，减少风险最好的办法是把海外市场投入降到最低点，由此而来的企业决策也处于试探阶段；海外经营的经验增加形成了特定国外市场的市场知识，又成为决策者认识和把握海外市场机会的新基础，从而推动企业把更多的资源投向海外市场，这就是企业国际化的动态原理。

Johanson 等人同时也认为该理论也存在几种例外情形：一是如果企业拥有大量资源，它将经历较小的投入试验而进入更高的国际化阶段，美国公司在 20 世纪 60 年代就符合这一情形；二是当市场条件是稳定的且同质的时，相关的市场知识能够从各种途径来获得而不仅是来自经验；三是当企业有来自相似条件的大量市场经验时，它可以将这些经验进行“普化”（generalize）到其他特定的市场。

四、结论与评析

企业国际化阶段论提出以后，学术界进行了大量的经验研究，并认为中小规模的出口企业在经营活动中的确表现出明显的阶段性。如 Carlson（1975）对瑞典企业出口行为的研究、Bilkey 和 Tesar（1997）对美国威斯康星中小企业出口行为的考察，以及 Johanson 和 Nonaka（1983）对日本企业出口战略的研究等，都从经验上支持了“阶段理论”。因此，该理论基本适用于中小企业的国际化行为。而对于大型、多元化的企业而言，抵御风险能力的提高及国际化的渐进特征不十分明显，这也证实了该理论的几个例外情形。

概括起来，国际化阶段理论在企业国际化理论中具有重要的意义。第一，该理论强调了企业在国际化进程中对于市场知识与其国际经营活动之间的紧密关系，即企业决策者对外国市场的了解及海外经营的经验深刻地影响着企业的国外市场投入，从而影响企业国际化进程。反之，了解外国市场的重要途径是去展开国际经营，在经营活动中获得外国市场的实践经验。国际化过程同时也是一个动态的学习和反馈过程。第二，该理论解释了企业（无论是大企业还是中小企业）在选择国外市场时的进入顺序，即在进入国外市场时首先进入是与本国相似背景的国家，“心理距离”成功地解释了影响企业国际化市场进入的各种因素，如语言、文化背景、经济发展水平等。第三，也是最重要的，该理论告诉我们，企业国际化过程是一种“连续的”“渐进的”发展过程。这种“连续的”和“渐进的”过程不仅表现在企业的国际市场进入方式，也表现在企业在国际市场上的投入决策、投入的实际数量和投入程度。当企业刚刚开始国际市场扩张时，其国际化过程是一个学习的、试验性的过程，在这种情形之下，企业不可能进行大规模的投入，也不可能进行直接投资，而是选择风险小、成功率最高的市场进入方式（如出口）；随着企业试验性活动的增加和对当前经营活动的掌握，企业对国外市场越来越有信心，也愿意投入更多的资源（如建立代理商关系或建立销售分支）；直到最后，企业对国外市场非常了解时，才愿意对国外市场进行大规模的投入（如直接投资）。

但是，我们也要看到企业国际化阶段理论也存在不少问题。首先，该理论认为企业的市场知识与其海外市场投入程度之间的关系是线性（Linear relation）的，这一结论受到一些学者的挑战。Erramilli 对美国服务业公司的研究结果表明市场知识与市场投入的关系呈现出“U 形状态”，即当企业没有国际化经营的经验时，它们往往会低估海外市场的风险，因此对海外市场的投资并不一定小；当企业家有了一些经验时，很可能对海外市场的困难估计过高，从而小心投资；当企业获得了丰富的国际市场经验，它将有能力克服各种障碍，从而扩大对外投资规模（Erramilli，1991）。其次，该理论过分强调企业国际化过程中市场知识的重要性，而忽略了企业国际化的其他动因，该理论认为企业国际经营取决于经营者对海外市场的认识。其实这仅仅是企业国际化的一个必要条件，而非充分必要条件。一个企业能否成功地进行国际化发展，是企业内部条件和外部环境共同作用的结果。我们必须注意到，一个成功的国际化企业大都具备以下三个条件：拥有所有权优势（这种优势来自于对特定资产——资金、技术、管理、组织、人力资本、信息的占有和使用）；内部化优势（通过对企业资产的内部转移，使其海外投资实现更低的生产成本和更高的利润）；区位优势（企业在选择海外市场的国别、地点时必须考虑的东道国或东道公司所具有的各种优势的反映，主要包括自然条件优势、经济条件、社会与制度优势）。换句话说，企业国际化阶段理论没有很好地吸收海默的垄断优势理论、卡森的内部化理论以及邓宁的国际生产折中理论的营养。

第七章

中国企业国际化路径演变模式实证分析*

将中国企业的出口区位分布与对外直接投资区位分布进行比较发现：在中国出口聚集的地区同样是对外直接投资聚集的地方，也即出现了企业出口与投资的“区位聚集”现象。本章经过实证分析，证明了中国的企业对外直接投资具有贸易导向性和企业国际化阶段理论（U-M）在中国企业国际化进程中的适用性。

一、问题的提出

自20世纪60年代以来，由垄断优势论、内部化理论和国际生产折中理论三大理论逐渐占据了对外直接投资理论的主导地位而成为对外直接投资主流理论。作为企业国际化理论的一部分，对外直接投资主流理论对二战以后，尤其是60年代以来的企业对外直接投资现象进行了持续不断的理论解释，为企业国际化理论的发展作出了巨大贡献。正因如此，在20世纪70年代中期诞生的企业国际化阶段理论引起了学术界的重视，它们在某种程度上弥补了对外直接投资主流理论的内在缺陷，因而成为与对外直接投

---

* 王宏新，毛中根．中国企业国际化路径演变模式实证分析［J］．世界经济研究，2007（2）：46-50+28+88-89.

资主流理论相齐名的企业国际化动态理论。

一般来说，企业国际化是指企业由国内企业向国际企业转变的过程。Welch 和 Luostarinen 为企业国际化下了这样的定义：企业国际化是“在国际（市场）经营中增加投入的过程”（Welch 和 Luostarinen ，1998）。因此，企业国际化实质上就是企业国际化经营的过程或进程，或者说是企业由国内企业向国际企业转变的过程。但是，这种企业国际化的观点对于中小企业来说更多的意味着挑战而不是机会，中小企业只能由母国导向。因此，早起的研究都集中在大企业的国际化上，中小企业的国际化成了一个无人问津的领域。20 世纪 70 年代中期，瑞典乌普萨拉大学学者（Forisgern 和 Johanson，1975；Johanson 和 Wiedersheim-paul，1975；Johanson 和 Vahlne，1977）在对北欧企业国际化研究过程中形成了一个新的理论—企业国际化阶段理论，又得名乌普萨拉理论（简称 U-M）。该理论的核心观点是：企业国际化是一个发展过程，且这一发展过程表现为企业对外国市场逐渐提高承诺（Incremental Commitment）的连续形式。这一理论不仅适用于大企业，也适用于中小企业。Johanson&Wiedersheim-paul 对瑞典四家有代表性的制造业企业进行了深入的案例研究，在对它们的海外经营过程进行比较研究时发现，这些企业在国际化进程中表现出了某种规律性，即都可以用几个不同的阶段来描述企业的国际化进程（Johanson 和 Wiedersheim-paul，1975）。根据他们归纳，单个企业通常通过直接出口开始其国际化进程；经过一段时间以后开始通过其在海外的独家代理商的帮助下出口，即所谓的间接出口；接下来的阶段是在国外市场建立自己的销售分支。在随后的十多年中，他们又引入“市场知识”（Market Knowledge）、“市场投入”（Market Commitment）、“投入决定”（Commitment Decisions）等概念，将企业国际化理论进一步系统化。国际化阶段论提出以后，引起了国际企业研究界的广泛注意。许多学者进行了大量的经验研究，也认为中小规模的出口企业在经营活动中表现出明显的阶段性。如 Carlson（1975）对瑞典企业出口行为的研究、Bikey 和 Tesar（1977）对美国威斯康星中小企业出口行为的考察，以及 Johanson 和 Nonaka（1983）对日本企业出口战略的研究等等，都从经验上支持了“阶段理论”。其他学者（Benito 和 Cripsrud，1992；Bonaccorsi 和 Dalli，1992；Ali 和 Camp，1993）对 U-M 模型也进行了检验，结论是该理论基本适用于中小企业的国际化行为。

中国企业国际化的主体均属于中小型企业，它们是否也遵循了 U-M 提出的四阶段理论？因为中国企业在“走出去”以前的几十年来，绝大多数也靠进出口来参与竞争。鲁桐的研究（2000b）在一定程度上验证了这一情况。在这一初步结论的支持下，本章在研究的过程中将中国企业的出口区位分布与对外直接投资区位分布进行了比较。比较结果发现，在中国出口聚集的地区同样是对外直接投资聚集的地方，也即出现了企业出口与投资的“区位聚集”现象（见图 7-1、图 7-2、图 7-3）。据此，本书提出两个假设性疑问：两者之间是否存在显著相关性？中国的企业对外直接投资是否具有贸易的导向性？如果假设能成立的话，那么我们就可以间接证明 U-M 在中国企业国际化进程中的适用性，因为出口与对外直接投资都是由微观主体——企业来完成的，从而由出口到通过代理出口再到贸易分支和生产（制造）分支出现的这种阶段性特征就更加可能。但是，这种假设必须经过理论和实证的检验后才能得到结论。

二、 理论检验

贸易与投资的关系最初是由美国经济学家蒙代尔（Mundell，1957）提出的。他认为贸易与投资之间具有替代性，即贸易障碍会产生资本流动，而资本流动障碍会产生贸易。贸易与资本之间的这种替代关系从“关税引致投资”的实践中得到了验证。20 世纪 80 年代初，Markuson 等（1983）和 Svensson（1984）对要素流动和商品贸易之间的相互关系作了进一步研究，研究结果表明，资本要素的国际流动或者直接投资与商品贸易之间不仅存在替代性，而且在一定的条件下还存在互补关系。Markuson 和 Svensson（1985）利用要素比例模型揭示了商品贸易和要素流动之间的互相关系，指出它们之间表现为替代性还是互补性，依赖于贸易和非贸易要素之间是“合作的”还是“非合作的”。如果贸易和非贸易要素是合作的，那么商品的贸易和生产要素的流动就互相促进，从而表现为一种互补关系；如果二者之间是不合作的，则商品贸易和非贸易要素的流动就会表现为一种替代关系。20 世纪 80 年代中期以后，Bhagwati（1987）和 Dinopoubs（1991）从政治经济学的角度对贸易与投资之间的相互关系进行研究，他们将不是为了绕过关税壁垒而是为了化解潜在的贸易保护威胁而进行的投资叫作“补偿投资”（Quidproquo Investment）。这种理论模型对于 80 年代中期日本对美国直接投资的大规模增加作出了解释（李荣林，2002）。

但是，上述理论都是从传统理论的分析框架上衍生出来的，并没有经过实证的检验。这既有统计数据残缺不全的限制，也有统计方法与工具上的瓶颈。这一情况后来在其他学者的努力下得到了解决。李普西和韦斯（Lipsey 和 Weiss，1981）依据美国 20 世纪 70 年代的统计数据，研究了美国跨国企业在发展中国家所设立的子公司的生产和出口行为。他们选取了一系列样本商品作为研究对象，发现生产这些产品的子公司的相应产品的年产量，与美国同年向这些发展中国家出口的同一商品的出口总量呈显著正相关。李普西等人（Lipsey 等，1984）的进一步研究还发现，这种正相关广泛存在于美国近 80%的产业部门中，说明美国的对外直接投资对同行业的国际贸易更多地显示的是正面的积极影响。胡弗鲍尔等（Huflbauer 等，1994）则重点研究了美国 80 年代以来的情况，他们将美国 1980 年、1985 年和 1990 年的对外直接投资总量与出口总量作比较，结果发现在整个时间跨度中，出口总量与对外直接投资总量一直保持着正相关关系。美国经济学家帕特瑞（P. Patrie，1994）的研究表明，由于激发直接投资的动机不同，贸易与投资的关系也不同。帕特瑞根据投资的不同动机将对外直接投资划分为三大类：（1）市场导向型直接投资（Market-Oriented FDI），是指跨国企业为了逃避东道国严厉的贸易保护壁垒，或者出于占领当地市场的需要，通过对东道国的直接投资，在当地生产、当地销售；（2）生产导向型直接投资（Production-Oriented FDI），是指跨国企业受到低成本生产区位的吸引，出于降低生产成本的需要而进行的直接投资；（3）贸易促进型直接投资（Trade-Faciliting FDI），是指跨国企业出于更好地配合本身的出口贸易活动，为企业的出口提供各种服务而进行的直接投资。在这些源于不同投资动机的直接投资形式中，只有市场导向型直接投资容易成为贸易的替代，而生产导向型和贸易促进型直接投资则一般可以增加投资国和东道国之间的国际贸易。由此，帕特瑞得出的结论是，由于激发直接投资的动机不同，贸易与投资的关系也不同；替代贸易的投资仅是直接投资中的部分现象（梁志成，2001）。

因此，从理论上来讲，本书所提出的假设不存在理论逻辑错误。

三、 据与回归分析

上文中已经得知，中国的企业对外直接投资主要集中在我国香港特别行政区、东盟以及美国和加拿大等国家和地区。同时，从数据中也可以看出，我国对上述国家或地区的出口也是相当集中的。为了检验这种投资"区位聚集"，验证中国企业在东道国的出口与投资两者的关系，本书将以我国香港特别行政区、东盟、西方七国集团作为样本经济体。其原因是：我国香港特别行政区历来在我国的对外贸易和对外投资中占有重要地位，研究贸易投资相关性必须将我国香港特别行政区考虑进来；东盟是我国的近邻，也是我国重要的贸易伙伴和投资伙伴，我国对该地区的投资在近年来也越来越大。但是本样本中的东盟成员中不包括文莱，原因是我国企业一直到 2002 年有统计的仅为 1 家企业投资（金额 45.08 万美元），因此被剔除。而对西方七国进行分析则是希望从中得出我国与发达国家的贸易投资关系。从分析的结果来看 FASEAN 和 EXASEAN 之间的相关系数是 0.663077；FG_7 和 EXG_7 之间的相关系数为 0.78839；FHK 和 EXHK 的相关系数为 0.758244。它们之间的相关性都比较强，说明我国企业对外直接投资的方向与贸易的方向是基本一致的。企业的海外直接投资倾向于从自己的贸易伙伴国开始，因为它们之间在以往已经建立了一定的贸易关系，我国的企业对东道国或地区的法律、制度、经济以及文化环境已经有了一定的了解，从而缩短了它们之间的心理距离，直接投资也先从这些国家或地区开始、并聚集于这些国家或地区（见表 7-1、表 7-2、表 7-3、表 7-4 以及图 7-1、图 7-2、图 7-3）。

表 7-1　1992—2002 年中国对东盟国家的出口贸易数据　　单位：万美元

国家 \ 年份	1992	1993	1994	1995	1996	1997	1998	1999	2000	2001	2002
文莱	1027	1064	1626	3448	3886	3331	914	810	1302	1716	2106
缅甸	25917	32466	36911	61785	52112	57009	51886	40655	49644	49735	72482
柬埔寨	1277	2032	3527	5162	6337	7568	11369	10433	16408	20561	25156
印尼尼西亚	47144	69172	105170	143815	142802	184061	117122	177893	306189	283654	342691
老挝	2785	3712	3597	4777	2668	2293	1783	2216	3442	5441	5430
马来西亚	64544	70437	111766	128099	137065	191993	159635	167362	256504	322026	497454
菲律宾	20956	28047	47569	103015	101494	133911	150116	137938	146441	162031	204232
新加坡	203087	224497	255842	350064	374940	431905	393004	450216	576132	579188	696567
泰国	89481	75046	115928	175174	125495	150030	114807	143570	224341	233745	295841
越南	10636	27465	34166	72013	84215	107854	102844	96385	153729	180445	214886
总合	466854	533938	716102	1047352	1031014	1269955	1103480	1227478	1734132	1838542	2356845

资料来源：根据《中国对外经济贸易年鉴》1992 — 2003 年历年数据整理得出。

表 7-2　1992—2002 年中国对 G7 国家的出口贸易数据　　单位：万美元

国家＼年份	1992	1993	1994	1995	1996	1997	1998	1999	2000	2001	2002
美国	859380	1696469	2146148	2471133	2668549	3269480	3797587	4194576	5210381	5428269	6995053
日本	1167871	1577956	2157312	2846269	3087448	3181982	2969199	3239901	4165405	4495757	4843746
英国	92284	192867	241400	279162	320064	381338	463219	487915	631024	678047	806030
法国	76351	129027	142436	184184	190687	232878	282276	292017	370514	368565	407218
加拿大	65320	119778	139694	153259	161601	190505	212766	243273	315805	334609	430482
德国	244799	396816	476150	567169	584470	649046	735392	777809	927809	975406	1137217
意大利	109525	130482	159066	206719	183761	223735	257734	292912	380201	399259	482761
总合	2615530	4243395	5462206	6707895	7196580	8128964	8718173	9528403	12001139	12679912	15102507

资料来源：根据《中国对外经济贸易年鉴》1992— 2003 年历年数据整理得出。

表 7-3　1992—2002 年中国对东盟国家 FDI 数据　　单位：万美元

国家＼年份	1992	1993	1994	1995	1996	1997	1998	1999	2000	2001	2002
文莱											45.08
缅甸			31.5	124.3	143		253	663	3287.08	178.4	1577.94
柬埔寨						1001.7	587.7	3277	1722.55	3487.17	515.26
印尼尼西亚	628.3	418.4	359.7	197.2	153	179.2	1085.6	1895	800	64	371
老挝	9		43.9	74.5				200	2440	116	610
马来西亚	280.3	649.7	117.6	301.8	132	88.9	561.6		47.89	43.92	98.72
菲律宾	31.6	145.8	197.2	10	68.1		83.2		363	23.1	92.2429
新加坡	219.2	272.3	192.5	346.9	105.4	242.4	1112	294	96.93	38.37	209.14
泰国	704.3	310.6	619.3	821.1	353.2		80	204	325.67	12128.58	394.942
越南				94.3		58	222	662	1761.35	2679	2718.7
总合	1872.7	1796.8	1561.7	1970.1	954.7	1570.2	3985.1	7195	10844.5	18758.5	6633.02

资料来源：根据《中国对外经济贸易年鉴》1992—2003 年历年数据整理得出。

表 7-4 1992—2002 年中国内地对 G7 国家及中国香港地区 FDI 数据

单位：万元

国家＼年份	1992	1993	1994	1995	1996	1997	1998	1999	2000	2001	2002
美国	1161.1	1389.1	636.9	2114	411.2		2563	8110	2314	5370.73	15152.7
日本	310.1	124.9		130	68	123.8	-44.6	54	26.1	166.52	1816.08
英国	92		98.3	50		50	49.8	6		314.48	1.45
法国	128		10	52.1			50.3	3			1137
加拿大	546.3	278.6	101.6	36.8		225	487.3	13	3165.15	352	123
德国	99.5	18.6	98		19.4	83.3	178.9	27	155	348.6	281
意大利					78			1	576	385	778.78
总合	2337	1811.2	944.8	2382.9	576.6	482.1	3284.7	8214	6236.25	6937.33	19290
中国香港	2920	704	11.9	2075.9	5598.8	566.6	1283.1	2448	1752.08	20067.4	35560

资料来源：根据《中国对外经济贸易年鉴》1992—2003 年历年数据整理得出。

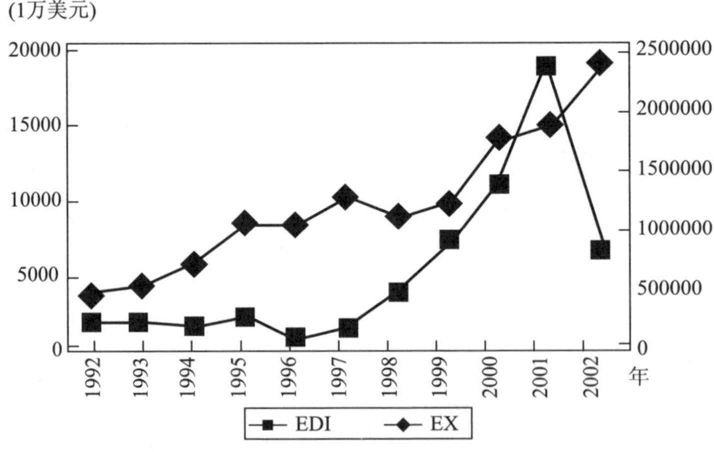

图 7-1 中国对东盟 9 国的出口与投资

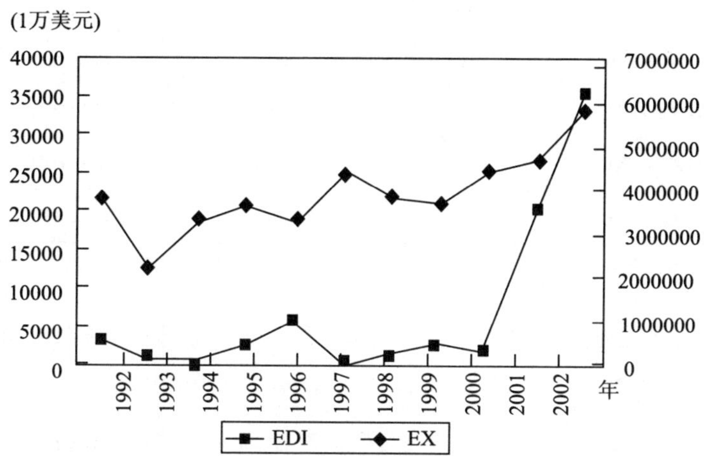

图 7-2　内地对香港地区的出口与投资

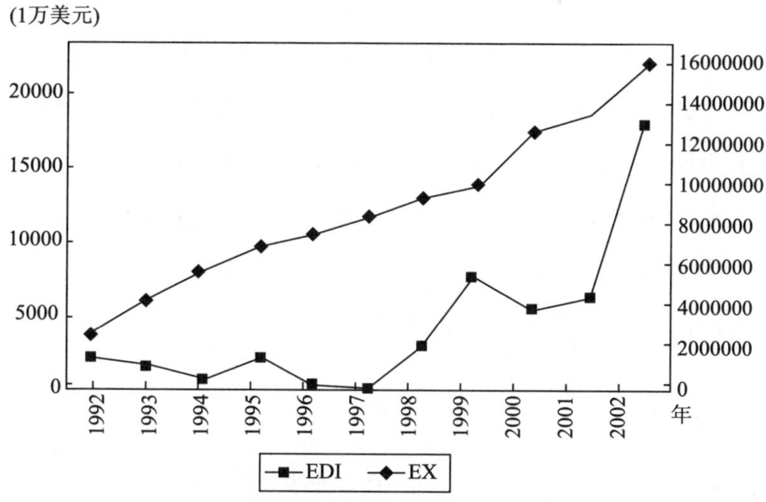

图 7-3　中国对西方七国集团的出口与投资

进一步的计量检验表明，国内的出口确实在一定程度上影响了企业的海外投资。我们设定如下方程，大致地考察出口对对外直接投资的影响

$$FDI = \beta_1 + \beta_2 EX + \varepsilon$$

并得出表 7-5。

表 7-5

方程	解释变量	被解释变量	系数	截距	R^2
1	LOG（EXASEAN）	LOG（FASEAN）	1.303821 *	-10.00382	0.469150
2	LOG（EXG7）	LOG（FG7）	1.225344 * *	-11.49838	0.294087
3	LOG（EXG7）	LOG（FHK）	4.410214 * *	-59.32589	0.274428

注：* 表示系数在 5%的显著水平上是显著的；* * 表示系数在 10%的显著水平上是显著的。

通过实证分析，我们发现虽然 R^2 值并不大，但是系数 T 值检验可以通过，这说明出口的确是影响企业对外直接投资的一个方面。从以上结果中也可以看出，在各个地区中，我国对东盟的出口贸易对企业在当地的直接投资影响相对于其他地区而言较为明显，显著性也相对较强。这从一个侧面反映了我国在东盟的投资可能与向该地区的出口贸易的产品结构相似，从而贸易带动了向当地的投资；而对向发达国家和地区（我国香港）的投资受贸易的影响则相对较弱，说明我国向这些国家和地区的投资受向该地区的出口影响较小，出口对投资的带动作用较小。这也证明了 U-M 在中国企业国际化进程中的适用性，中国企业正是通过出口，通过代理出口，设立贸易分支，设立生产（制造）分支四阶段而实现国际化发展的。

四、结论

一般而言，被国际企业广泛使用发展模式主要有以下七种：出口模式；许可贸易与特许经营模式；“交钥匙”合同与管理合同模式；合作生产模式；合资企业模式；独资子公司模式；联盟或战略联盟模式。每一种企业国际化发展模式具有不同的特点，各个企业必须根据内部资源、战略目标及外部环境、竞争条件等，在正确判断的基础上，作出适当的选择。

面对激烈的国际竞争，中国企业应强化国际化经营理念，根据自身的实力和特点采取灵活多样的国际化发展模式，在世界范围进行资源优化配置与整合，以便尽可能降低成本，培育国际市场竞争优势，提高企业的综合竞争力。同时，企业在国际化进程中还要不断进行战略创新与组织创新，使企业的国际化战略与发展模式与时俱进，不断发展。

目前，一方面中国企业国际化发展既有自身实力显著提高等许多方面的有利条件；同时，另一方面也面临企业规模竞争力等方面的严峻挑战。因此，中国企业必须结合国情、扬长避短，综合采取出口、特许经营、合作生产、合资经营、承接项目外包业务与许可贸易等灵活多样的企业国际化发展模式，主动融入全球国际分工产业链和跨国公司采购供应链中，有步骤地推进企业的国际化进程。

第八章

跨国公司内部转移价格*

跨国公司内部转移价格是跨国公司内部母公司与子公司、子公司与子公司在进行内部结算时使用的价格，是由跨国公司总部上层决策者从公司全球战略目标和谋求最大限度利润的目的出发来制定的，有着客观的社会经济必然性。本章论证了中国跨国公司合理使用跨国公司内部转移价格的机制与策略。

一、 跨国公司内部转移价格的理论探讨

跨国公司内部转移价格（Transfer Price）是跨国公司内部母公司与子公司、子公司与子公司在进行内部结算（尤其是内部贸易结算）时使用的价格，亦称划拨价、转让价格或调拨价格。转移价格既不反映成本，亦不受市场供求关系的影响，而是由跨国公司总部上层决策者从公司全球战略目标和谋求最大限度利润的目的出发来制定。

跨国公司转移价格的产生和应用，有着客观的社会经济必然性。首先，它是市场交易内部化的必然产物。按照科斯定理，企业的作用不仅仅限于把“投入”转变为“产出”，而应被视为一个多功能

* 王宏新，彭文平．中国跨国公司内部转移价格问题探讨［J］．现代经济探讨，2000(2)：53-55.

（Multifunction）的复合体，除生产外，还须从事营销、采购、研究开发、人员培训等。由于市场不完善，往往缺乏效率，这些功能若全部通过市场来实现，就要为此付出巨大代价，即市场交易成本。因而企业为了节省外部市场交易成本，就有必要通过扩大组织规模，把具有特定资源供需联系的外部产业组织纳入统一的企业系统，把彼此独立的供需双方的外部交易转变成统一组织的内部交易。当跨国公司的诸多市场交易内部化（Internalization）以后，原来由市场供求决定的市场价格已无必要，由企业高层或者特定管理部门采用行政方式确定的内部交易产品划拨价格即内部转移价格，就成为普遍发展的管理工具。

其次，它是跨国公司对付国际市场不完全性的重要手段。国际市场的不完全性指结构性缺陷和交易性风险，前者主要是贸易保护主义给国际贸易设置的障碍（如关税、配额等）和国际市场本身发育不完善（如汇率、利率等），后者主要是国际、国内市场的差异以及由此产生的额外风险和不确定性、市场交易成本和相应的利润损失。随着跨国公司内部分工的深化，为了克服国际市场的不完全性，跨国公司的内部贸易逐步脱离国际市场，用公司内部市场最大限度地取代原先依赖的外部国际市场，从而使内部转移价格成为跨国公司的经常性工具，以获取更大利润或减少损失。

最后，内部转移价格是跨国公司实现全球战略经营的重要策略。跨国公司全球战略突破了国家和民族的界限，从全球角度来考虑国际市场的资源配置。全球战略能增强跨国公司的统一性、灵活性和有效性，使其得到资源和商品销售全球统一配置的益处，最有效地使用资金、技术等资源，达到全球一体化的效果。因此，转移价格是跨国公司实施全球战略经营策略，统一调配使用人、财、物，集中进行计划控制的必要工具，也是跨国公司追求利润最大化的有效手段。

二、 中国跨国公司运用转移价格的依据

跨国公司采用内部转移价格，其结果是双重的。一方面，跨国公司获

得了重大利益。国别政策和市场差异的存在，为跨国公司获取超额利润提供了机会。另一方面，相应的有关国家的利益却受到了损失。在经济产出既定的条件下跨国企业运用转移价格获得的额外收益，必定是某些国家的额外损失，这种收益与损失的转移，既可能发生于东道国，也可能发生于母国。这种双重结果的根源在于跨国公司与国家是不同的利益主体，它们追求的是不同范围的利益。

正是转移价格所具有这种客观存在的必然性，这也就决定了中国的跨国经营企业（公司）也要充分使用这种策略工具。理论与现实都表明：只要有关国家允许企业跨国发展或者接收跨国企业的投资进入，跨国母子企业之间的内部化交易实行转移价格的情况就难以完全避免。我国政府所应做到的且能做到的，就是为本国跨国公司创造更有利的竞争环境和把这种转移价格给本国利益造成的损害降低到最低限度。

三、 中国跨国公司转移价格策略的运用

1. 规避税收

跨国公司主要利用所在各主权国家的不同税率水平、“避税港”的优惠及区域性关税同盟等有关法律法规，通过内部转移价格尽可能规避所得税和关税，获取最大的利润。

（1）规避所得税。跨国公司所在东道国政府一般根据公司的利润额来计算应课征的所得税额。中国跨国公司的海外分支机构分布在100多个国家，各国的税率高低参差不弃，税则规定也不尽统一，中国母公司可利用各国税率的差异，通过转移价格人为地调整母公司与海外企业的利润，把公司总体税负附到最低限度。一般情况下调整利润可采取两种方法，即直接转移价格、间接转移价格。

（2）规避关税。中国跨国公司可以通过以下途径达到避税目标：第一，利用区域经济合作组织——世界区域性关税同盟的增多为跨国

公司利用内部转移价格避税提供了又一个新的途径。美国、加拿大和墨西哥、欧盟、东盟各国在其盟约中都具体规定了相互给予关税优惠的条款。如欧盟规定，若商品是在欧盟国家以外生产，由一成员国运往另一成员国，须缴纳关税，但如果该商品价值的一半以上是在欧盟成员国家内增值的，则可以在其成员国之间自由运销，免于税负。因此，如果中国跨国公司要把一批半成品运往其设在英国的子公司，制成成品后欲在欧盟国家内部销售，它就可以首先将半成品低价出售给英国子公司，在英国制成成品，这样形成的价值一半以上是在英国增加的，也就可以在欧盟各成员国之间运销而无须缴纳关税。第二，从整体利益考虑，根据进口国的所得税率和关税税率的具体水平制定转移价格。若进口国所得税率相对出口国较高时，那么提高转移价格虽然会减少所得税率，却会增加关税税额。

2. 规避东道国的价格管制

东道国政府为了限制与管理跨国公司的活动，维护本国市场秩序和当地生产者与消费者权益，通常会对价格实行一定程度的管制。东道国政府对价格实行管制一般是通过制定最低销售价或最高销售价的方式实现的。跨国公司则可利用内部价格来规避东道国的管理和监督。当东道国政府限制中国跨国公司以“倾销”价格在当地市场低价销售，跨国公司的母公司可以实行低内部价格，降低子公司原材料、零配件采购价格，从而降低成本，使子公司依较低的产品价格销售成为合理，迫使当地物价部门作出让步，以使企业以低价击败对手，控制当地市场。反之，当东道国政府限制中国跨国公司以高价出售商品时，母公司则可以搞内部转移价格的策略，提高子公司的成本，也使其“高价”成为合理，从而获得超额利润。

3. 资金的调拨与配置

跨国公司对外直接投资，总希望在赚取最大利润的同时尽早地收回资本，并实现其资金的自由调拨和配置。中国跨国公司亦是如此。但是东道国往往对跨国公司从当地子公司调出资金有一定限制，如各国对汇出利润都有比较严格的管制。中国跨国公司利用内部转移价格进行资金调拨主要有以下三种方法：一是可以通过提高卖给某国子公司产品价格的方法，达到从该国转移资金的目的，或通过压低价格的方式为子公司提供经费；二是可以利用不同东道国的利率差别，把握存在于某一东道国的投资机会，通过提高内部价格的方法，把资金调配到最有利可图的国家；三是针对许多东道国都实行外汇管制、一般不允许跨国资本在一年内全部汇回本国的政策，中国跨国公司可以减少直接投资额，改用贷款方式提供部分资本，而后按高利率收取高利息，以此在短期内将资本调回本部。

4. 利润的分配与调节

对子公司利润的分配与调节主要是通过调低或调高内部价格影响子公司的利润率的高低来实现的。如果某一子公司在当地获取的利润太高，东道国政府可能会要求与跨国公司重新谈判，重新讨价还价，或者强迫盈利过高的跨国企业卖股票给当地的投资者以分散所有权，也可能导致新的国有化趋势或引起工会组织提出增加工资的要求，还有可能吸引其他竞争对手进入这一市场。为了避免这些由于高利润对公司产生的不利影响，跨国公司可以通过内部转移价格提高子公司成本，降低利润率，掩盖公司的真实获利情况。

反之，中国跨国公司为了使其在某国新建的子公司在竞争中具有较高的资信水平，以便在当地出售股票或债券，筹措资金或谋取信贷，可通过调整内部价格使该子公司显示出较高的利润率水平。

第九章

全球跨国并购的特点、动因及影响因素*

在20世纪90年代之前的并购浪潮主要发生在美、欧等发达国家国内，跨国并购并未占据主导地位。进入90年代以来，跨国并购逐渐增多，1995年全球跨国并购首次超过“绿地投资”而成为外国直接投资的主要方式。本章分析了全球跨国并购的特点与动因，对“跨国公司对外直接投资时为什么不采取绿地投资而采取跨国并购的方式”这一命题进行了深入解析，并分析了影响跨国并购的主要因素。

一、 20世纪90年代以来全球跨国并购的特点

跨国公司对外直接投资（FDI）的方式主要有两种：一种是新建或成为绿地投资（Greenfield）；另一种是跨国并购（Cross-Border Mergers and Acquisitions，M&A）。所谓跨国并购是指一国（母国）企业基于某种目的，通过取得另一国（东道国）企业的全部或部分资产（或股份），对另一国（东道国）企业的经营管理实施一定的或完全控制行为。跨国并购是国内企业并购的延伸，是企业间跨越国界的并购活动。

回顾全球经济的发展，在20世纪90年代之前的并购浪潮主要发生在

---

* 唐任伍，王宏新．全球跨国并购的特点、动因及影响因素［J］．经济管理，2002（15）：52-56.

美、欧等发达国家国内，跨国并购并未占据主导地位。进入 90 年代以来，跨国并购逐渐增多，1995 年全球跨国并购以 1866 亿美元之巨首次超过绿地投资，占当年外国直接投资流入总额的 56.2%，成为外国直接投资的主要方式；2000 年跨国并购金额为 11440 亿美元，占外国直接投资流入金额的 90%[1]。综观 90 年代以来的跨国并购浪潮，主要有以下主要特点。

1. 单项并购规模达到创纪录水平，形成了一批世界级超大型跨国公司

《世界投资报告》将金额达到 10 亿美元的交易列为大型跨国并购。20 世纪 90 年代以来的跨国并购中，单个并购的规模呈扩大的趋势。1991 年大型并购有 7 项，并购价值为 204 亿美元；1995 年为 36 项，并购价值为 804 亿美元；1999 年高达 109 项，并购价值为 5008 亿美元。1998 年 5 月德国戴姆勒—梅赛德斯公司与美国克莱斯勒公司以 393 亿美元的股票价值实现合并，创造了企业跨国并购的纪录。当年下半年，英国石油公司邮价 550 亿美元收购美国阿莫科公司，这一纪录大大提高了一截。1999 年沃达丰公司以 695 亿美元并购美国 Air Touch 公司再次将此纪录刷新。2000 年出现了超过 1000 亿美元的超大型并购；美国的传媒巨头在线和时代华纳两家跨国公司并购额达到 1650 亿美元，沃达丰和曼内斯曼的并购金额达 1430 美元。

在并购规模不断升级的过程中，产生了世界级的超大型跨国公司。1987—1999 年，完成最大跨国并购交易的前 10 家 TNCs 占并购交易总价值的 13%。由于近几年的巨额交易，这一比重从 1996—1997 年的 15%上升到 1998—1999 年的 31%。

2. 发达国家，尤其是美、英、德、法等国成为跨国并购的主角

从地区来看，全球 FDI 主要集中在发达国家，发达国家是外国直接投资的首选目的地，占全球流入的 75%以上。而在发达国家内部，无论是流

入还是流出，都集中在美、欧、日“三巨头”之间。2000 年，“三巨头”占世界 FDI 流入的 71%，世界流出的 82%。跨国并购在其中扮演了重要角色。作为国际直接投资的主导方式，2000 年全球跨国并购总值与 FDI 总流量的比值达到了 4∶5，其中，发达国家这一比值超过了 90%。

再从国别来看，20 世纪 90 年代以来美国一直是最大的并购者，但从 1998 年开始，英国跃居首位，美国成为最大的外国直接投资接受国。2000 年，德国 Vodafone Air Touch 接管 Mannesmann，成为欧洲最大的外国直接投资接受国。在 2000 年跨国并购中，按收购方金额计算，英、美、法、德四国分别为 3824.2、1592.7、1687.1 和 586.7 亿美元，四国总和占全球跨国并购总额的 67.2%。更须注意的是，很多大宗交易是在美英间进行的，它们彼此既是并购者，又是被并购者。

3. 跨国并购主要集中在服务业以及技术密集型产业

按出售方所属部门/行业统计的跨国并购出售额计算，在 1990 年全球跨国并购交易总额中，第一产业（初级产业）仅占 3.4%，其中 95.7%是石油天然气公司的并购；第二产业（制造业）占 50.1%；第三产业（服务业）却占 46.5%，其中的 51.8%是金融和运输、仓储与通信；2000 年以上各比重分别是 0.8%、88.7%、25.5%、73.6%和 65.2%。2000 年服务业内部的跨国并购主要集中在电讯、金融和商业服务领域；制造业内部的跨国并购主要集中在化工、电子及设备和石油产业。按行业划分，2000 年前几位的依次是：电子和电子设备、食品、石油和核燃料、化学和化学制品、汽车和其他运输设备、木材和木材制品及精密仪器等。

此外，高新技术产业也日益成为跨国并购的重点，其中最明显的行业是通讯产业和制药业。2000 年欧美通信业出现了跨国并购潮，如法国电信公司用 350 亿美元收购了英国第三大移动电信公司奥兰治公司，德国电信用 507 亿美元并购了美国声流公司，2001 年惠普与康柏合并等。

4. 股票置换成为跨国并购的主要交易方式和手段

换购方式是指并购方增发新股换取被并购企业的旧股，它不仅比现金并购方式节约交易成本，而且在财务上可合理避税和产生股票预期增长效应，此外在两国的国际收支平衡表上可以相互冲销，不涉及巨额现金的国际流动。因此，随着20世纪90年代以来国际金融环境的日益宽松，特别是金融服务贸易自由化的发展，以换股进行并购交易的方式风行全球。1990年现金交易在全球跨国并购项目总数中占94%，占总金额的91%。可见当时的跨国并购仍以现金支付为基础。到了1999年，虽然现金交易在全球跨国并购占项目总数高达98%，但交易金额只占总额的比重下降到了64%。尤其值得注意的是，发达国家以换股方式进行并购交易越来越多，其占总额的比重显著提高，1999年换股金额占总金额的68%。2000年，美国以股票或股票加现金方式支付的部分占到72%，而日本的这一比例也上升为67%。

5. 横向并购是跨国并购的主流，大大提高了行业市场集中度

在新一轮跨国并购浪潮中，无论是从并购企业数量还是从并购值来看，横向并购均占第一位，其次是混合并购，最后是纵向并购。1990年水平并购值占总值55%，到1999年上升为70%。混合并购在20世纪90年代中期企业多元化经营战略的影响下曾经很活跃，但到90年代后期，随着国际市场竞争的日益激烈，公司经营战线开始收缩，混合并购开始下降，1999年占跨国并购总数的27%。纵向并购的比重在20世纪90年代一直处于10%以下。

由于并购，在汽车、银行和制药等诸多行业中，集中程度大大提高。如通过并购，十大汽车制造商在世界汽车销售总额中的比重由20世纪80年代的60%左右上升到1996年的69%，1999年这一比例更上升至33%；在制药业，1999年最大5家和最大10家制药公司分别占世界医药产品销

售总额的28%和46%，而1995年分别占19%和33%。

二、 跨国公司对外直接投资动因的理论分析

要解释跨国并购的动因，首先，必须解释跨国公司对外直接投资的动因，即跨国公司为什么进行对外直接投资？其次，我们才能去研究跨国并购的动因问题，即跨国公司对外直接投资时为什么不采取绿地投资而采取跨国并购的方式。

20世纪60年代以来，跨国公司对外直接投资理论有了重大进展。其中具代表性的有以下几种。

1. 垄断优势论

斯蒂夫·海默（S. H. Hymer）于1960年完成的博士学位论文《国内企业的国际经营：对外直接投资的研究》，从实证研究美国跨国公司入手，首创了跨国公司的垄断优势论。该理论认为企业的垄断优势和国内、国际市场的不完全性是企业对外直接投资的决定性因素。跨国公司从事对外直接投资时，会遇到诸多障碍（如语言、法律、文化、经济制度的不同等），与东道国相比，跨国公司在这些方面处于劣势。因此，跨国公司要进行对外直接投资，就必须拥有某种垄断优势（如技术、先进管理经验、规模经济、信息、国际声望、销售等优势），这些垄断优势足以抵销上述劣势，因此可以保证其在对外直接投资中获取丰厚利润。

2. 寻求内部化

英国学者巴克利（P. J. Buckley）、卡森（M. Casson）于1976年在其合著《跨国公司的未来》中提出了新的跨国公司对外直接投资理论——内部化理论。该理论认为，市场的交易性失效，导致企业市场交易成本增加，促使跨国公司进行交易内部化的活动。由于市场不完全，企业在让渡其中间产品时难以保障其权益，也不能通过市场来合理配置其资源，以保

证企业最大的经济效益。

美国学者马吉（S. P. Magee）于1977年发表了《信息与跨国公司：对外直接投资的充分报偿理论》，作为对内部化理论的补充。马吉认为，产品开发、工艺更新和市场动态等属于信息范畴，而信息具有公共产品的特性——共享性，专利制度对技术的保护作用有限，所以，企业为保证其在信息投资中取得更多的收益，通过对外直接投资的方式将已有信息内部化以取得充分报偿。

3. 国际生产折衷论——OLI优势

国际生产折衷论是跨国公司问题专家约翰·邓宁（J. H. Dunning）教授于1977年发表的《贸易、经济活动的区位多国企业：折衷理论探索》中提出来的。其核心是：从事对外直接投资的企业必须拥有三种优势，即所有权优势（O）、区位优势（L）和内部优势（I），即OLI优势。

所有权优势为一国企业拥有或能够获得而国外企业没有或无法获得的资产及其所有权，主要包括技术优势、企业规模优势、组织管理优势和金融优势等。

区位优势是跨国公司在选择海外公司的国别、地点时必须考虑的东道国或东道国公司所具有的各种优势的反映。主要包括自然条件优势、经济优势、社会与制度优势。区位优势的大小不仅决定着一国企业是否进行对外直接投资和投资地区的选择，还决定了对外直接投资的类型和部门结构。

内部化优势是指由于某些产品或技术通过外部市场转移时会增加交易费用，跨国公司通过对外直接投资，在母公司与子公司或者子公司之间进行中间产品的转移，就会防止市场缺陷的冲击，从内部化中获得高额利润。

邓宁认为，如果企业仅拥有一定的所有权优势，则只能进行对外技术转让；如果企业拥有所有权优势和内部化优势，则选择出口贸易是较好的方式；如果企业同时拥有所有权优势、内部化优势和区位优势，则发展对外直接投资是参与国际经济的最好形式。

三、 跨国公司为何选择并购而不选择绿地投资

对外直接投资理论只解释了跨国公司为什么要进行跨国界的经营活动，但是跨国公司对外直接投资既可以通过跨国并购来实现，也可以通过绿地投资来实现，那么跨国公司为什么要选择前者而不选择后者?

1. 并购能使企业迅速获得市场和增强市场力量

一方面，企业通过并购可以迅速获得新的市场机会，在不增加行业生产能力的情况下达到临界规模。通过接管一家公司可以立即利用现成的当地供应商与顾客网络，并获得相应的技能。这种动机对于跨国公司具有特别重要的意义，因为离开母国市场时，对当地市场状况知识的需求增加了。

另一方面，并购能给企业带来市场权力效应，在具有寡占特征的市场，追求市场力量和市场支配地位也是进行并购的推动力量。通过横向并购活动，跨国公司可以提高市场占有率，凭借竞争对手的减少来增加对国际市场的控制力，跨国公司的纵向并购可以通过对大量关键原材料和销售渠道的控制，有力地控制竞争对手的活动，提高企业所在领域的进入壁垒和企业的差异化优势。

2. 通过并购产生协同效应，提高效率

追求协同效应可以是静态的（如某一时点上降低成本或增加收入），或是动态的（如加强创新）。前者包括：管理资源的整合，如合并后办公设施与人员的减少；利用彼此的营销和分销网络来增加收入；采购协同，即加强讨价还价的实力；生产中的规模经济导致成本下降；避免重复进行生产、研发或其他活动。动态协同可能涉及互补性资源和技能的配合，以

提高跨国公司的创新能力，从而对销售额、市场份额和利润产生长期的积极影响。对于诸如汽车等竞争压力强、价格下降、生产能力过剩的行业，追求静态的协同效果具有特别重要的意义；而在技术变化迅速的行业和由创新驱动的行业，如信息技术制造业，动态协同的作用可以是至关重要的。

3. 较短时间内发挥规模效应

这主要体现在两个方面：一是企业的生产规模经济效应。跨国公司可以通过并购对企业的资产进行补充和调整，达到最佳经济规模，降低企业的生产成本，并购也使跨国公司有条件在保持整体产品结构的前提下，集中在一个国家或地区工厂中进行单一品种生产，达到专业化水平，并购还能解决专业化生产带来的一系列问题，使各生产过程之间有机地配合，以产生规模经济效益。二是企业的经营规模效应。跨国公司通过并购可以针对全球不同的市场进行专门的生产和服务，满足不同消费者的需求；可能集中足够的经费用于研究、设计、开发和生产工艺改进等方面，迅速推出新产品，采用新技术；此外，跨国公司规模的扩大使其融资能力大大提高。

4. 通过并购重组加快培育核心竞争力

核心竞争力的概念与理论，是美国学者普拉哈拉德（C. K. Prahalad）英国学者哈麦尔（Gray Hamel）首次提出来的。通过研究可以发现，核心竞争力具有独创性、不断更新性、系统性、难以模仿性等特征，这保证了企业在所处行业、领域能够长期具有竞争优势。

跨国公司培育核心竞争力有两种途径：一是在跨国公司内部通过长期的自身知识积累和知识学习，逐步培育起来。二是从通过外部并购具有核心竞争力或具有相应资源的企业，经有效重组、整合而得。与自我发展构建企业核心竞争力相比，跨国并购具有时效快、可得性和低成本等特点。尽管要完成从搜寻对象到实现并购、进行资源重组、构建企业的核心竞争力的过程需要一定的时间和费用，但这比通过自我发展构建核心竞争力还是要快得多；对于那种跨国公司需要的某种知识和资源专属于另一企业时，并购就成为跨国公司获得这种知识和资源的唯一途径。

四、影响跨国并购的主要因素

跨国公司除了具备上述动因之外，企业的外部环境是对推动企业跨国企业跨国并购的重要因素。影响跨国并购的主要因素有：

1. 经济全球化

自 20 世纪 90 年代以来，经济全球化趋势不断加重，将各国的生产、贸易与消费纳入一体化。由在国外拥有 80 多万个子公司的 6 万多家跨国公司的全球性拓展，控制了 40%的全球产出，60%的贸易，70%的技术转让和 90%的国际直接投资，极大地推动了经济全球化的进程。

反之，经济全球化要求各种生产要素在全球范围内配置，这使各国内部市场与外部市场的界限日趋模糊，跨国公司的外部环境发生急剧变化，它们不得不面对更多的竞争对手，在更残酷的国际竞争中生存。跨国并购是其拓展全球市场、在竞争中取胜的一个“杀手锏”。

2. 技术进步

20 世纪 90 年代以来，技术进步日新月异，对世界经济高速发展起了重大的推动作用。同时，它也是影响跨国并购的重要因素。

一方面，技术进步使跨国公司分散在世界各地的经营活动得到更好的协调和管理，从而为跨国公司进行跨国并购提供了有利条件。如利用电子商务有可能重新安排供应链，缩短了商品进行消费领域的环节；技术进步通过降低运输成本、信息与通信成本，从而大大缩小了经济空间等。结果是跨国公司可以更有效率地进行跨国并购。它们可以在国际生产体系内部进行更好的联络，更便宜地进行跨国界的商品和人员的转移，可以把生产和管理过程进行分解并在不同的国家重新布局，以实现成本的最低化。

另一方面，技术进步反过来也使跨国公司面临更大的竞争压力，促使跨国公司进行跨国并购。在大多数行业，创新的成本和风险与日俱增，而且还需要持续不断地吸收和发展新的技术和管理手段。跨国公司需要付出更大努力以保持其创新领先地位，开拓新的技术领域，赶上新知识、产品生命周期缩短的步伐。在一个以技术变化快、高风险研发项目开支不断增加为特点的环境中，许多跨国公司感到有必要通过跨国并购来分摊创新成本，获得新的技术资产以增强它们的创新能力。20 世纪 90 年代以来的跨国并购越来越验证了这一点。

3. 各国外国直接投资管理政策的调整

外国直接投资管理政策的调整主要包括贸易投资自由化和一些行业解除管制。贸易自由化的发展，一方面扩大了市场范围，从而吸引了企业设立子公司；另一方面市场的透明度也得以提高，从而降低了跨国并购的成本，促进了跨国并购的迅速发展。外国直接投资政策既包括绿地投资也包括跨国并购。在跨国并购投资方面，全球普遍的政策调整主要包括：取消必须成立合资企业的规定、取消对外资不能占多数股权的要求和取消对外商不能享有所有权的规定等。同时，许多国家，尤其是发达国家在诸如电信、运输、电力、金融服务等服务行业放松了管制。据统计，1991—2000 年，各国外国直接投资制度共引进了 1185 项管理上的改变，其中 1121 项是朝着更有利于外国直接投资的。仅 2000 年，就有 69 个国家作出 150 项管理上的改变，其中 147 项是有利于外国投资的。

4. 资本市场自由化的推动

从 20 世纪 80 年代开始，大多数发达国家已经实现了资本账户的自由化，对跨国借贷和证券投资不再进行限制。20 世纪 90 年代中期以来，很多发展中国家和转型经济国家也开始进行了资本账户的自由化。资本市场自由化为跨国并购解除了制度障碍，从而促进了跨国并购活动更广泛地进行。另外，金融衍生工具的增加对跨国并购提供了技术上的保证，发行股票和债券对跨国并购提供了技术上的保证，发行股票和债券对跨国并购的融资比重越来越高，公司基金和风险投资的发展成为中小企业跨国并购的主要融资渠道。

·第三篇· 对外直接投资：体制创新与风险治理

第十章

我国对外直接投资发展的体制分析*

近年来，我国企业对外直接投资大幅增长，政府“走出去”战略政策初显成效。但是，我国对外直接投资管理体制存在多头审批、“战略性政策负担”、法律制度不完善等问题，制约着我国企业国际化与对外直接投资进程。改革审批制度、转换政府角色、完善法律体系等是加快我国对外直接投资管理体制改革的主要措施。

自 1999 年 2 月国务院办公厅转发三部委文件之后，我国以境外加工贸易企业为主的对外直接投资快速增长，政府的“走出去”已初显成效。但是，影响我国企业国际化发展的宏观管理体制仍带有浓厚的计划经济色彩。这一说法从我国市场化改革所取得的成就来看显得有点不合时宜，但这也正反映了我国对外经贸体制改革较为滞后的一面。我们很容易从《中国对外经济贸易年鉴》“中国批准海外投资企业统计表”上发现。“企业”前面均被冠以“批准”的字样，这种审批制显然是计划经济体制的产物和表现，已严重制约了我国企业的国际化进程。

* 王宏新．论我国对外直接投资发展的体制性障碍与对策［J］．宁夏社会科学，2006（4）：57－60.

一、中国对外直接投资发展的体制性障碍

1. 多头审批、手续烦琐和程序复杂等体制性障碍

现行对外直接投资管理体制虽然是改革开放后形成和发展起来的，但仍有计划经济体制的残余，多头审批、手续烦琐、程序复杂的弊端严重地制约着我国企业的国际化进程。政府作为管理者和国有资产的所有者（出资人），职能交叉与混淆从而形成的多头审批管理一直是一个比较突出的问题。在现行部门职能分工中，国家发改委、商务部、外汇管理局、财政部等部门表面上均对境外投资负责，各司其职，但审批内容重叠，职能交叉，权力的转移并未使前置审批程序与内容发生实质性改变，这与加入WTO后减少行政审批并对行政制度进行改革的精神不符。各部门、各级别的层层审批加大了项目的成本，审批耗时过长，有时企业在一个项目所能得到的政策优惠（财政、税收、信贷），可能刚刚抵销层层审批所花的费用。因此，政府各部门审批项目的行政成本和企业的交易成本均未减少，这反映出对外直接投资审批制度的内在缺陷以及改革的迫切性。审批权的横向转移并未从根本上解决简化审批的问题，有时甚至使问题更加复杂化。

同时，企业在境外办厂时，要向相关政府部门报送项目建议书、合资合作意向书、外方合资合作意向书、外方合作伙伴资信调查材料、境外投资申请报告、可行性研究报告、经草签的境外合资企业合同和境外企业章程、外汇管理部门关于资金来源和投资风险审查的意见、驻外使馆商务参赞处的意见、主管部门的批复意见等。这些审批手续的办理周期很长，企业跑一个项目下来，短则8个月到1年，长则2~3年，往往是手续刚办下来甚至是还没办下来时，市场行情已经发生变化。项目审批手续的烦琐与程序的复杂不仅给企业带来实际的错失市场良机的可能，而且打击了企业进行跨国经营的积极性，从根本上制约了企业国际化的进程。

2. “战略性政策负担”仍占主导地位

新中国成立以来，由于重工业资本密集的特征与当时中国资本稀缺的资源禀赋状况形成矛盾，不可能依靠市场机制配置资源来推动重工业优先发展，重工业的发展只能靠推行“赶超”战略来实现，而这就需要由政府出面，人为压低利率、汇率、能源和原材料价格、工资和生活必需品价格，以降低重工业发展的成本。在生产要素和产品价格被扭曲的宏观政策环境下，资源就要通过高度集中的计划渠道进行配置，从而形成了我国高度集权的计划经济体制。在计划经济体制下，有许多国有企业尤其是大型国有企业，其所处的产业区段在我国不具有比较优势，但是由于企业为国家所有，企业不具备经营自主权，企业的投资决策不是来自企业自身的竞争优势和比较优势，而是来自政府的“战略”需要，这种强加于企业身上的“战略性”需要就是“加诸国有企业的一种战略性政策负担”。

自市场化改革以来，政府虽千方百计去除企业的社会性政策负担，但由于面临极大的失业压力，在没有建立起社会保障体系的前提下，这种社会性政策负担并未有效根除。国有企业没有退出竞争性领域。仍在“发挥国有经济的主导作用”，这就为制定各种“发展战略”留下了制度空间。仅就外经贸领域而言，市场多元化战略、以质取胜战略、大经贸战略以及当前的“走出去”战略等，一个个的战略从未间断过。“走出去”战略是我国政府基于经济全球化发展趋势和我国经济发展水平而提出的新举措。该战略试图通过各种政策措施以“鼓励和支持有比较优势的各种所有制企业对外投资，带动商品和劳务出口，形成一批有实力的跨国企业和著名品牌，积极参与区域经济交流和合作”，其目的是“适应经济全球化和加入世贸组织的新形势，在更大范围、更广领域和更高层次上参与国际经济技术合作和竞争，充分利用国际国内两个市场，优化资源配置，拓展发展空间，以开放促进改革促发展”。在“走出去”战略的提出中，政府着眼于国内产业结构的调整，因而企业担负起了“结构调整”的战略性负担，从中央企业到地方企业，都在政府的“号召”之下进行对外直接投资。事实上，凡是“战略”，无不是从计划的角度来直接或间接动员一部门社会（或全民的）资源在某些方面“集中办大事”。直接的动员主要表现为各种扶持性资金投入，而间接性的动员则表现为排他性政策，如为配合“走出去”战略，各相关部委纷纷出台各种对外直接投资的优惠政策和措施。这种看似合理的“战略性”政策和措施从根本上说既与市场经济制度不相符，也与 WTO 体制相冲突。

3. 对外直接投资管理的法律制度不完善

许多发达国家和新兴工业国家发展境外投资的成功经验告诉我们，为了保证境外投资安全和国家经济利益，必须建立一套符合本国现实情况和当代国际投资特点的法律体系。西方发达的市场经济国家普遍都有《境外投资法》，它是投资母国保护本国企业境外直接投资的国内立法，对于本国企业规避境外投资风险和增强国际竞争能力具有重要作用。

随着我国境外直接投资的发展，有关部门先后从不同角度针对境外投资管理颁布了一些政策法规，并与 80 多个外国政府缔结了一系列投资保护协定、税收协定等双边条约。可以说，在我国境外直接投资发展进程中，政策与法制管理逐步得到加强，这是应该充分肯定的。但是，由于我国境外直接投资仍处于初级阶段，目前我国调整境外直接投资的国内政策法规数量稀少，且较为零乱，不成体系。一些主要的政府法规尚不成熟和规范，有的是“试行稿”，也有的是“暂行规定”，还有的仅是“意见”，明显具有探索性和临时性的特征。有些政策法规由于颁布时间较早，其内容、手段和覆盖范围都不适应当前境外直接投资发展的需要。迄今为止，我国没有一部系统化的调整境外直接投资的基本法，也缺少相关的配套政策法规，这与纷繁复杂的吸引外资的政策法规形成了鲜明的对照。由于缺乏政策指导和立法工作滞后，以致我国境外投资中的国有资产大量流失，一些遵纪守法的经营单位因失去境外投资的法律依据而蒙受不必要的损失。

二、 加快我国对外直接投资管理体系改革的政策建议

1. 实行单一部门审批并逐步向备案制过渡，简化审批内容和程序

目前的对外直接投资管理制度中仍然保留着较为严格的审批制度。国家发改委负责除境外加工贸易外的一般直接投资项目的立项建议书和可行性研究报告的审批。但是实际上发改委只有事前审批和审查的功能，而没有运行监管的功能，因此，无从评级发改委工作的成效，它们均不对投资的结果负责，这使审批处于无效率行为，审批失去了实际意义，也不符合“谁审批，谁监管”的原则，同国际上对外投资管理的通行做法与惯例不符。建议取消发改委的前置审批。改为对项目是否符合国家鼓励或禁止的境外投资产业指导目录的合规性审查（备案）。商务部和国家外汇管理局在 2006 年 4 月发布的《简化境外加工贸易项目审批程序》中规定，中方投资额在 300 万美元以下（含 300 万美元）的境外加工贸易项目，由投资主体所在省、自治区、直辖市及计划单列市外经贸主管部门（含新疆生产建设兵团外经贸局，以下简称地方主管部门）核准；中方投资额在 200 万美元以上的境外加工贸易项目，由地方主管部门报商务部核准。这大大简化了我国企业对外投资在投资金额上的审批层次和程序，但对于企业投资的自由化而言，仍需更进一步的政策调整。

财政部按既有职权划分，不负责前置审批，却需要对境外国有资产的运营情况进行检查、监督，而这在实践中根本没有可操作性。建议这部分职权由相应的贷款银行及国内投资母本（母公司）取而代之，即要求投资母体对境外投资的国有资产负责。商务部按照现有权限划分，从前置审批、驻外商务参赞处的意见，到时候监管、境外投资企业年审及境外企业向驻外商务参赞处递交年度报告并接收其协调管理，对境外投资企业实行全过程管理与监控，成为事权统一的对外直接投资唯一归口管理部门，这

也是国际上大多数国家的通行做法。

在明确商务部作为对外直接投资唯一归口管理部门后，商务部审批管理项目的内容应逐步减少，程序应进一步简化，做到统一、透明、便捷，并逐步向自动登记备案制过渡。

2. 转换政府角色，构建中国企业国际化的政府服务体系

首先，建立对外直接投资信息咨询服务系统。一是加速建立政府主导的对外投资国别地区项目数据库，为希望对外投资的企业提供及时且有价值的信息；二是成立中国对外直接投资专门机构（中介机构），全面提供各国别（地区）政治、经济等投资环境状况，当地外商投资跳进啊、投资程序、政策法规、合同形式及其他基础信息，提供介绍合作伙伴、合作项目等直接投资服务；三是由政府资助，由相关机构（包括中介机构）对境外投资企业立项建议书和可行性研究报告提供技术层面的帮助。

其次，加强对外直接投资保险体系建设。以往在对外投资政策性保险和非商业风险保障方面，我国仅从一般意义上的出口信用保险上给予一定的业务支持。已经成立的中国出口信用保险公司，其目的也是由国家建立政策性风险基金，通过保险合同形式，实现对企业出口合同安全收汇的保证，起到推动本国产品和服务出口的作用。建议单独设立对外直接投资政治险和非商业险，使我国对外投资企业能够以公平的条件参与国外投资市场的竞争。

最后，强化国际政策协调系统，为我国对外投资企业提供国际保障。一是进一步加强双边投资保护协定和避免双重征税协定的商签、修改和实行履行的工作，并加强与尚未同我国签订这两类协定的众多发展中国家的工作联系，为我国企业国际化提供切实的国际保障；二是切实利用好我国已经参加的多边投资担保公约和多边投资争端解决公约，加大宣传、普及力度，促使我国“走出去”企业实际使用多边投资担保公约提供的相应支持，并且利用多边投资争端解决公约维护我国对外投资企业的自身利益。

3. 从重行政管理向重法治方向转变，构建新型的对外直接投资法律体系

废除审批制的政策并不意味着要放任自流。市场经济是法治经济，对企业的管理要纳入法治的轨道，而不是完全靠行政管理，这也是市场化改革的精髓。企业国际化经营与国内经营的最大不同就在于企业面对的是国外强有力的竞争者。在整个国际市场竞争中，市场的法则和法治是所有企业必须遵守的。市场法则与法治不仅是约束企业经营的法则，也是保护企业合法利益、提高企业绩效的重要法则。我国长期依靠行政治理，在实践中企业经常遇到在审批、监管方面的行政低效甚至是行政干扰。因此，建议全国人大尽快就我国企业对外直接投资进行立法，并在立法中坚持市场化原则和法治原则，保护企业正当利益，约束企业违规经营。

在总体法律框架方面，我国首先应制定一部与国际投资法和国际惯例接轨的《境外直接投资法》，作为调整我国境外直接投资关系的基本法。该法律应对我国境外投资主体、投资形式、审批程序、资金融通、技术转让、收益分配、企业管理、争议解决等问题作出原则性的规定。要根据我国境外投资的发展情况。及时制定境外投资基本法的实施细则及其他相关的单行法规，如《境外合资经营企业法》《境外投资企业所得税法》《境外国有资产管理法》等，逐步形成一个以境外直接投资基本法为主、各种单行法规和相关配套法规为辅的我国境外投资的法律体系。

第十一章

“十二五”时期我国对外直接投资管理体制创新*

“十一五”期间，我国深入实施“走出去”战略，对外直接投资取得跨越式发展。“十二五”期间将继续深化改革开放，并“加快实施‘走出去’战略”。但是，现行对外直接投资管理体制仍明显滞后，投资管理运行中的一些深层次矛盾在根本上制约着企业“走出去”的更快、更好发展。本章提出实行单一部门审批并逐步向备案制过渡、加大服务资源开发力度、从重行政管理向重法治方向转变等体制创新建议。

一、“十一五” 期间我国对外直接投资管理体制创新成效

“十一五”期间，我国深入实施“走出去”战略，对外直接投资取得跨越式发展。据商务部统计，2006—2009 年，我国对外直接投资从 211.6 亿美元增至 565.3 亿美元，年均增速 38.8%，4 年累计对外直接投资额 1601.1 亿美元；截至 2009 年底，我国对外直接投资资存量已达 2457.5 亿美元，位于全球第 15 位、发展中国家/地区第 3 位，广泛分布在全球 177 个国家和地区，1.3 万家境外企业海外资产总额累计 1.1 万亿美元，已成

* 王宏新.“十二五”时期我国对外直接投资管理体制创新的政策建议 [J]. 国际贸易，2011 (2)：46-48.

为全球重要的资本输出国之一。另据联合国贸发会议《2010 年世界投资报告》数据显示，我国对外直接投资的世界排名已从 2008 年的第 12 位跃升至 2009 年的第 6 位。对外直接投资已与对外贸易、利用外资相互融合、相互促进，共同构成当前我国开放型经济的重要组成部分，对国民经济和社会发展贡献度日益增大。

这些成绩的取得，与政府在“十一五”期间着力推动的对外直接投资管理体制创新密不可分。

（1）宏观规划指导加强，政策支持力度加大。通过编制《对外投资合作“十二五”发展规划》，制订重点国别和行业中长期发展规划，与有关国家商签经贸合作中长期发展规划，定期发布《对外投资国别产业导向目录》等指导性文件等方面从宏观上指导企业对外直接投资的产业与区位选择。同时，通过对外经济技术合作专项资金、境外经济贸易合作区发展资金等专项支持资金，不断扩大对东盟、上合组合、非洲等地区投资的优惠信贷支持规模；此外，还通过完善境外直接投资外汇管理制度，鼓励金融机构为合作项目提供信贷支持和金融服务。

（2）以服务促进投资发展，保障投资权益。通过政府间沟通合作，商签双边投资保护协定、自贸区协定和政府间基础设施及劳务合作协议，为企业“走出去”提供良好的外部环境；搭建中国国际投资贸易洽谈会、中国—东盟博览会、中非合作论坛等国际平台，促进企业信息交流与商贸水平提升；发布《对外投资合作国别（地区）指南》《国别贸易投资环境报告》《国别投资经营障碍报告》等专业投资指导报告，为企业提供对外投资合作信息；加强引导企业在中资企业相对集中的国家和地区组建境外中资企业商会，提高行业自律水平；此外，还出台了《境外中资企业机构和人员安全管理规定》，构建境外安全保障体系，建立对外投资合作境外安全风险预警和信息通报制度。

（3）梳理政策文本，优化管理制度。为适应新形势下加快实施“走出去”战略的要求，政府相关部委积极梳理本部门政策法规。商务部废除了《关于境外投资开办企业核准事项的规定》（商务部 2004 年第 16 号令）和《商务部、国务院港澳办关于印发〈关于内地企业赴香港、澳门特别行政区投资开办企业核准事项的规定〉的通知》（商合发〔2004〕452 号），出台了新的《境外投资管理方法》（商务部 2009 年第 5 号令），该办法大大提高企业对外投资便利化程度，并明确了商务部为企业服务等内容；国家外汇管理局也对近年来已出台的比较分散的有关境外直接投资外汇管理的相关文件进行系统地梳理，废除了 1990—2007 年的 9 个文件，代之以新的《境内机构境外直接投资外汇管理规定》（汇发〔2009〕30 号），以促进和便利境内机构境外直接投资活动，规范境外直接投资外汇管理。

二、现行对外直接投资管理体制存在的主要问题

根据中共中央建议，“十二五”期间将继续深化改革开放，并“加快实施‘走出去’战略”。但是，我国现行对外直接投资管理体制仍明显滞后，投资管理运行中的一些深层次矛盾在根本上制约着企业“走出去”的更快、更好发展。

1. 多头审核，管理分散

现行对外直接投资管理体制是伴随着我国改革开放的步伐逐步形成和发展起来的，虽然经过了 30 多年的发展，但从体制根本上来看，仍有许多计划经济体制的残余，多头审批与管理、手续烦琐、程序复杂等弊端制约着企业“走出去”步伐。这主要表现在：虽然商务部《境外投资管理方法》对境外直接投资的审批程序进行了精简，但事实上政府对境外投资的审批并不仅限于商务部门。如国家发改委于 2004 年出台的《境外投资项目核准暂行管理方法》，虽然改项目审批制为核准制，将原来项目建议书和可行性研究报告两道审批改为只核准项目申请报告，但政策本身仍然具

有审核与管理特征；国家外汇管理局的《境内机构境外直接投资外汇管理规定》虽然将将外直接投资外汇资金来源的审核方式由事前审查改为事后登记，将外汇局对境内机构境外投资资金汇出的管理由以往的核准制调整为等级制，但商务部与国家外汇管理局共同下发的《企业境外并购事项前期报告制度》（商合发〔2005〕131 号）要求企业在并购意向确立后向外管局报告，两部门还联合发布《境外投资联合年检暂行方法》（〔2002〕32 号）对企业进行年检，因此，国家外汇管理局也是主要管理部门之一。此外，如果是国有企业，还要受财政部和国资委的审批与管理；如果是金融、保险行业的企业，还要受到银监会、保监会、证监会的审批与管理。这种多头审批与管理中不可避免地存在重复审批和政策间不契合的问题，大大降低了审批效率。项目审批手续的烦琐与程序复杂不仅有可能使企业错失市场良机，也会影响到企业进行跨国经营的积极性，制约企业“走出去”。

2. 服务体系不健全，功能不完善

当前搭建的中国国际投资贸易洽谈会，中国—东盟博览会、中非合作论坛等国际平台，具有较强的政府主导与驱动性，缺乏常设性机构支撑，企业尤其是中小企业受惠度有限。同时，由国家主管部门发布的《对外投资合作国别（地区）指南》《国别贸易投资环境报告》《国别投资经营障碍报告》等媒介，在本质上是一些宏观的指导，无法满足企业的微观需求。更重要的是，中国企业“走出去”缺乏驻外服务体系的保障。目前我国对外直接投资的驻外机构主要是驻外使（领）馆的经济商务参赞处（室），它一方面是我国驻外使（领）馆的组成部分，另一方面则是商务部派驻国外归口管理对外经济贸易工作的代表机构。这一机构在企业驻外联络方面起着非常重要的作用，也为驻外企业提供了大量信息服务。但是，各地经济商务处（室）仍然有很强的行政职能，其主要职能是贯彻执行我国对外经济贸易的方针政策和发展战略，微观服务与协调功能不强。

虽然商务部已经开始加强引导企业在中资企业相对集中的国别地区组建境外中资企业商会，但目前这方面的力量还很薄弱，如开展大型国际经贸活动、搭建企业国际合作平台、解决企业跨国间争端、维护中资企业利益等方面，无论是商务部驻外经济商务处（室）还是新兴的商会组织，都无法起到理想的作用。

3. 管理制度不完善，法律不健全

随着我国境外直接投资的迅速发展，相关部门陆续发布了一些政策法规，并与100多个外国政府缔结了投资保护协定、税收协定等双边或多边条约。可以说，在我国境外直接投资发展进程中，政策与法制管理逐步得到加强，这是应该充分肯定的。但是，目前我国调整境外直接投资的国内政策法规还显得十分零乱，多数体现为“暂行规定”“方法”，有的仅是“意见”或“通知”，还没有形成一部系统化的境外直接投资法。

许多发达国家和新兴工业国家境外投资管理的成功经验告诉我们，为了保证境外投资安全和国家经济利益，必须建立起一套符合本国现实情况和当代国际投资特点的法律体系。西方发达的市场经济国家普遍都有《境外投资法》，它是投资母国保护本国企业境外直接投资的国内立法，对于本国企业规避境外投资风险和增强国际竞争能力具有重要作用。由于我国目前境外投资立法工作滞后，境外投资中的国有资产流失、在竞争中无法可依而遭受不必要的损失等问题，在当前企业“走出去”实践中已开始显现。

三、“十二五” 期间加快对外直接投资管理体制创新的政策建议

1. 实行单一部门审批并逐步向备案制过渡，继续放松管制

总体来看，目前我国对外直接投资管理制度仍属严格管制型。各相关部委应认真评估其事前审批（包括核准）职能，如果不能实施有效运行监管功能的话，就无法评估其前置审批职能的成效，也不符合“谁审批，谁监管”的原则，这不仅意味着审批无实际意义，也同国际上对外投资管理的通行做法与惯例不符。因此，建议中央政府继续推进体制创新，按照现有权限划分，从前置审批、驻外商务参赞处的意见，到事后监管、境外投资企业年审及境外企业向驻外商务参赞处递交年度报告并接收其协调管理。对境外投资企业实行全过程管理与监控，将商务部明确成为事权统一的对外直接投资唯一归口管理部门，这也是国际上大多数国家的通行做法。

在明确商务部作为对外直接投资归口管理部门后，商务部审批管理项目的内容应逐步减少，程序应进一步简化，做到统一、透明、便捷，并逐步向自动登记备案制过渡。对于资源类与大额类投资项目，可由发改委、国家外汇管理局等部委与商务部共同发布指导目录，由商务部负责审批或核准。对于国企“走出去”，财政部可以改变现行的对境外国有资产运营情况进行检查、监督的职能，因这一职能在实践中可操作性小，执行成本很高。建议这部分职权由国资委、相应的贷款银行及国内投资母体（母公司）取而代之，即要求投资母体对境外投资的国有资产负责。这种改革，将大大简化我国企业对外投资在投资金额上的审批层次和程序，提高企业“走出去”进程与效率。

2. 加大服务资源开发力度，构建对外直接投资服务体系

（1）建立对外直接投资信息服务系统。一是加速建立政府主导的对外

投资国别地区项目数据库，为希望对外投资的企业提供及时且有价值的信息；二是设立非营利的对外直接投资服务机构（中介机构），全面提供各国别和地区政治、经济等投资环境状况，当地外商投资条件、投资程序、政策法规、合同形式及其他基础信息，提供介绍合作伙伴、合作项目等直接投资服务。

（2）建立驻外服务体系，增强服务能力。发挥商务部驻外经济商务参赞处（室）、各地商会、中资机构协同效应，构建我国“对外直接投资全球服务网络”，增强驻外服务水平，提高驻外应变能力；鼓励对外直接投资服务机构“走出去”，开展境外服务业务。

（3）加强国际协调，进一步优化企业“走出去”的国际环境。一是进一步加强双边投资保护协定和避免双重征税协定的商签、修改和实际履行的工作，并加强与尚未同我国签订这两类协定的众多发展中国家的工作联系，为我国企业“走出去”提供切实的国际保障；二是切实利用好我国已经参加的多边投资担保公约和多边投资争端解决公约，加大宣传，普及力度，促使我国“走出去”企业实际使用多边投资担保公约提供的相应支持，并且利用多边投资争端解决公约维护我国对外投资企业权益。

3. 从重行政管理向重法治方向转变，构建新型对外直接投资法律体系

废除审批制的政策并不是意味着要放任自流。市场经济是法治经济，对为企业的管理要纳入法治轨道，而不是完全靠行政管理，这也是市场化改革的精髓。企业国际化经营与国内经营的最大不同之处就在于企业面对的是国外强有力的竞争者。在整个国际市场竞争中，市场法则与法治不仅是约束企业经营的法则，也是保护企业合法利益、提供企业绩效重要法则。建议尽快启动立法程序，以制定一部与国际惯例接轨的《境外直接投资法》，作为调整我国境外直接投资关系的基本法，对我国境外投资主体、投资形式、审批程序、资金融通、技术转让、收益分配、企业管理、争议解决等

问题作出法律规定。相关部门在《境外直接投资法》的法律框架内，根据我国境外投资的发展情况，因应制定境外投资管理的实施细则及其他相关的单行法规，由此逐步形成一个以境外直接投资基本法为主、各种单行法规和相关配套法规为辅的具有中国特色的境外直接投资法律体系。

第十二章

“一带一路”背景下我国对外直接投资：以对中东直接投资为例*

中东地区是“一带一路”的西端交汇地带，也一向被视为美国战略的核心地带。美国新任总统上任一周即签署了首先从 7 个中东国家开始实施的移民政令（被称为“穆斯林禁令”），联系到特朗普在竞选中严厉批评奥巴马政府中东政策及其在中东政策上的竞选新主张，中东地区面临新的变局，政治风险再度骤升。我国早已是仅次于美国的中东最重要的商业伙伴，对中东直接投资也在不断增加。深入研究“一带一路”背景下我国对中东地区直接投资的战略意义及面临的政治风险，并及早采取科学、有效的应对之策，对于“一带一路”倡议顺利推进和我国对外投资权益保障都有重要意义。

一、“一带一路”背景下我国加大对中东直接投资的重要战略意义

随着 21 世纪以来“走出去”战略的提出，中国与中东国家经贸往来日益频繁，对中东直接投资呈现出快速增长态势，且投资行业分布十分广泛，涉及自然资源、基础设施、建筑、纺织、交通和电力等众多领域（见

* 阴医文，王宏新，张文杰．“一带一路”背景下我国对中东直接投资：战略意义、政治风险与对策［J］. 国际贸易，2017（4）：26-29，50.

表 12-1、图 12-1)。以 2015 年为例，中国对中东地区直接投资额流量和存量分别高达 249887 万美元、1911217 万美元，12 年间年均增长率分别为 45.87%和 34.66%；中国对外直接投资流量在 1 亿美元以上的 54 个国家（地区）中，属于中东地区的就有科威特、以色列、卡塔尔、沙特阿拉伯、土耳其、阿联酋和阿尔及利亚等 7 个。

表 12-1　中国对中东直接投资额流量、存量变动（2003—2015 年） 单位：万美元

年份	2003	2004	2005	2006	2007	2008	2009	2010	2011	2012	2013	2014	2015
流量	2692	20117	29777	40585	49756	20375	96214	131515	273836	172943	251465	299363	249887
存量	53744	80972	143675	204881	222892	267387	373071	553856	814653	978672	1205779	1584166	1911217

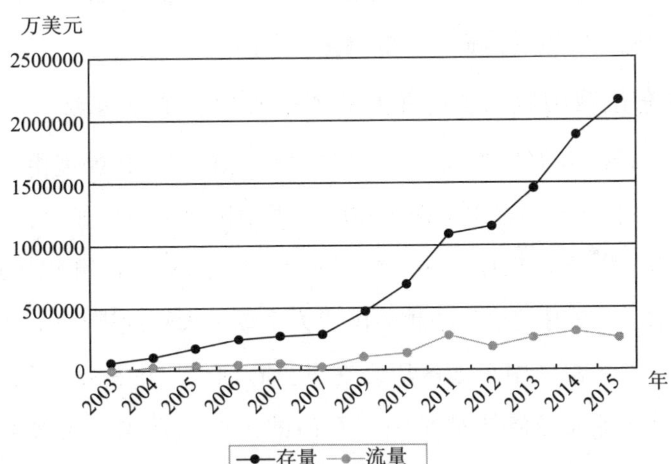

数据来源及说明：基础数据来自商务部 2003—2015 年度《中国对外直接投资统计公报》，http：//fec. mofcom. gov. cn/article/tjsj/tjgb/。这里的中东地区包括：巴林、伊朗、伊拉克、以色列、约旦、科威特、黎巴嫩、阿曼、卡塔尔、沙特阿拉伯、叙利亚、土耳其、阿拉伯联合酋长国、也门共和国、阿尔及利亚、埃及、利比亚、毛里塔尼亚、摩洛哥、苏丹、突尼斯 21 个国家。

图 12-1　中国对中东直接投资额流量、存量变动（2003—2015 年）

“一带一路”建设愿景自提出以来，我国与“一带一路”沿线国家的经济合作成为世界经济新亮点。2016 年，我国对“一带一路”沿线国家的

直接投资额高达145.3亿美元。中东地区不仅是古“丝绸之路”的重要枢纽和欧、亚、非三大陆的连接带，更是今日“一带一路”建设的重要区域。在“一带一路”沿线60多个国家中，中东国家超过了四分之一。自2014年以来，土耳其、埃及、约旦等多个中东国家领导人相继访华，同中国“一带一路”建设愿景对接（吴毅宏，2015）。习近平主席在2016年1月访问埃及等中东国家时，明确阐释了中国对促进中东和平与发展的政策主张，提出中阿共建“一带一路”的和平、创新、引领、治理、交融五大新理念。目前，中国已同8个阿拉伯国家建立全面战略伙伴关系、战略伙伴关系或战略合作关系，是诸大国中唯一与所有中东国家均保持友好关系的国家（田文林，2016）。在“一带一路”倡议背景下，我国对中东直接投资除了地缘政治和外交战略意义之外，经济战略意义更是不容低估，尤其是在能源安全、贸易投资与产业调整等方面。

1. 中东是我国保障国内能源和资源安全的重点区域

我国自1993年开始成为石油净进口国，原油对外依赖度由当年的6%持续上升，到2015年首次突破了60%。据中国海关数据显示，2016年我国原油进口量攀升至3.81亿吨，年增长13.6%，为2010年以来最大年增幅，自2016年12月起更是超越美国成为全球最大石油进口国，原油对外依赖度已超过65%。中东地区历来在世界石油供应中占据举足轻重的地位，目前世界各大经济体都是中东石油的主要消费国，我国也不例外。2014年，中国从中东进口原油1.48亿吨，占原油进口总量的48%。2015年，中国从中东进口原油数量达约1.70亿吨、占比升至51.6%；在原油进口国家排名前10位中，中东国家就占了6个，我国已成为中东地区石油进口最大国家（见图12-2）（赵雅婧、王有鑫，2016）。预计到2030年，中国石油消费需求将达到6.8亿吨的峰值，石油对外依存度将升至70.6%，对中东石油依赖日趋上升（刘雪、吴宇，2016）。因此，在当前和今后一个时期内，中东地区依旧是我国保障国内能源和资源安全的重点区域（席桂桂、陈水胜，2016）。

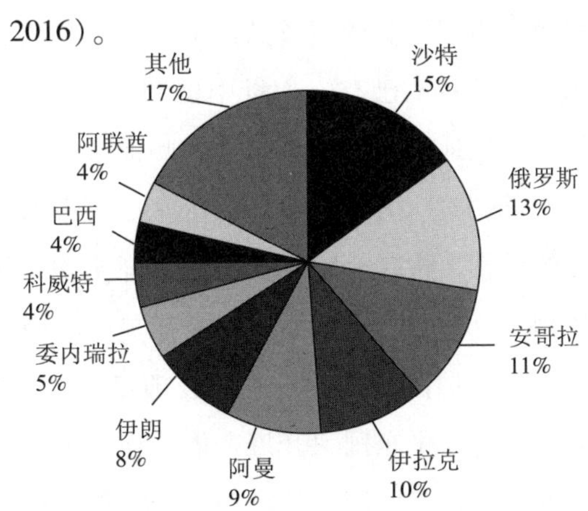

图 12-2　2015 年中国十大原油进口国分布

2. 中东地区是我国重要的海外投资潜在地区

中国与中东地区经贸合作互补性强，贸易迅速增长的同时，也蕴含着巨大的投资机会。过去十年间，中国与中东地区贸易增长了 6 倍，已成为中东国家第二大贸易伙伴。2014 年以来，卡塔尔、阿联酋先后设立了人民币结算中心，大大提高了中国与中东国家双边贸易往来的便利度。2015 年底，由中国发起筹建的亚洲基础设施投资银行（以下简称亚投行）正式成立，埃及、伊朗、约旦、阿曼、科威特、卡塔尔、土耳其、沙特阿拉伯、阿联酋、以色列 10 个中东国家成为亚投行的创始成员国。2016 年初，中国同阿联酋、卡塔尔设立了 200 亿美元的共同投资基金，将联合投资中东传统能源、基础设施建设、高端制造业等领域。这些措施都为中国与中东国家实现互利共赢合作、在中东国家更大范围、更强力度投资提供了重要基础（席桂桂、陈水胜，2016）。

3. 对中东直接投资有利于我国及中东地区国家产业结构调整

随着我国经济发展，制造业的国内成本不断上升，产业结构调整和升级是必然趋势。相比之下，中东地区国家普遍存在经济结构单一、工业基础薄弱问题，对轻工、电子类工业制成品需求旺盛，与我国经济结构呈强互补性。在此背景下，近年来已有一大批中国制造业正在“走出去”、向作为产业承接阶梯的中东地区转移，并通过这些地区向广大的撒哈拉以南非洲地区扩散。2016 年 1 月 21 日，习近平主席在阿盟总部演讲时承诺中东提供 550 亿美元的贷款，将联合阿拉伯国家共同实施产能对接行动，以促进中东工业化进程。这其中，包括设立 150 亿美元的中东工业化专项贷款，用于中国同中东阿拉伯国家基础设施建设项目；向中东国家提供 100 亿美元商业性贷款，支持与中东国家开展产能合作。因此，中国对中东地区扩大直接投资，既可优化我国国内的产业结构、促进产业升级，也有利于中东地区国家产业与经济结构优化调整，为中东国家经济转型、升级提供支持（田文林，2016）。

二、 当前中东地区的主要政治风险及其对我国对外直接投资的影响

对外直接投资中面临的政治风险，可以宽泛地理解为是对外直接投资受到东道国政府政策约束的可能性（霍杰茨，2006）。换言之，由于东道国政府政治或政策变动或不稳定性，导致本国投资利益变动的不确定性，即是一国对外直接投资政治风险。政治风险主要表现为战争或动乱、恐怖主义袭击、国有化等。随着伊朗核问题的紧张局面暂时缓解，当前中东形势最大的政治风险无疑是由 ISIS 持续扩张、叙利亚内战、伊拉克动荡三大危机叠加所导致的恐怖主义肆虐、宗教极端主义蔓延、政治版图重构以及难民问题泛滥等。这些政治风险的多重叠加也引发域内外国家的复杂地缘政治分歧不断深化和动态博弈（刘中民，2015；张伟鹏，2016）。可以说，中东地区已成为对外直接投资政治风险度极高的敏感地区。其中，战争或动乱风险、恐怖主义已成为当前中国在中东地区投资面临的主要政治风险。

1. 战争与动乱风险

中东地区由于存在根深蒂固的民族、宗教、社会等矛盾，政局极不稳

定。其中，以色列和阿拉伯世界之间的矛盾是中东问题的核心，巴以和谈陷入僵局、局部战争时有发生；极端组织“伊斯兰国”的不断蔓延使部分国家主权受到严重挑战；伊拉克、叙利亚、也门和利比亚等国内部冲突不断加剧，伊朗国内保守派和改革派矛盾和冲突在不断升级，叙利亚危机外溢效应已深刻地影响到美、俄、中三个大国间的关系；中东难民问题对约旦、黎巴嫩和土耳其等国的国家治理能力形成冲击，埃及经历数年动荡后经济发展堪忧，各类军事与政治问题复杂交织，这些都可统称为战争或内乱风险（席桂桂、陈水胜，2016；赵雅婧、王有鑫，2016；吴思科，2015）。战争或内乱风险最常见的后果是造成国外投资项目遭受破坏、损失、被夺取或留置的风险。这一风险带有突发性特点，其所带来的破坏会涉及到所在区域的多家甚至全部企业，且被卷入企业因为战事所蒙受的经济损失通常都无法得到补偿。中国企业在中东已经深受这种战争与动乱风险的影响。例如，2010 年 5 月中石油收购叙利亚油气开发公司 35% 股权，但由于叙利亚局势动荡，中国石油企业被迫撤离叙利亚，当地项目完全搁置。再如，中国企业投资用于苏丹和南苏丹边境地区油田开发的金额达 200 亿美元，不料 2011 年 7 月苏丹南北分裂，南北苏丹矛盾和战火不断，石油生产陷入停顿，中国石油企业蒙受巨大损失。自 2015 年以来，也门危机持续升温，政局失控，中石化在也门项目基本停滞（田文林，2016）。

2. 恐怖主义袭击

20 世纪 90 年代以来，恐怖主义在全球盛行，不仅破坏着企业的正常运营环境，而且直接威胁到各国企业对外投资、开展国际营销的企业人员和机构安全。近年来，以中资企业、华人为袭击目标的恐怖事件逐渐上升。如由中铁十四局承建的阿富汗公路项目，曾于 2004 年 6 月遭到恐怖袭击，恐怖分子向施工工地帐篷里熟睡的中国工人开枪扫射，造成 11 人死亡；2007 年 4 月，一家中资石油公司下属项目组在埃塞俄比亚的一个工地遭到 200 多名不明身份的武装人员袭击，造成中方 9 人死亡，1 人轻伤，7

人被绑架，营地设备遭到洗劫。2009 年 12 月，阿富汗首都喀布尔外国人聚居区发生严重恐怖袭击事件，我新华社、中兴通讯、华为科技和当地一家中餐馆因与爆炸地点邻近而受到不同程度损失。近 2 年来，受全球伊斯兰复兴运动影响，尤其是主张暴力行动的“圣战”萨拉菲组织势力增强，“伊斯兰国”活动范围不仅迅速从伊拉克和叙利亚扩展至几乎整个中东地区，还进一步扩展到在巴基斯坦、阿富汗以及俄罗斯北高加索地带。根极端组织 IS 发布的报告，该组织仅在 2014 年就策划实施了 7681 次恐怖袭击，包括 615 次汽车炸弹袭击、78 次动用了自杀人弹，537 次远程遥控引爆，野狼战术和血腥恐怖袭击直接威胁着到我国在中东工程项目和人员安全，影响到我国对外直接投资企业投资权益保障（吴毅宏，2015；何思雨，2015）。

三、“一带一路” 倡议下我国应对中东直接投资政治风险的政策建议

1. 加强对中东国家与地区的政治风险评估与研究，建立健全中东政治风险评估体系

由于政治风险具有不确定性、不可控制性，科学地评估政治风险程度非常重要。国外一些著名评级机构如政治风险服务集团（Political Risk Service Group，PRS）、穆迪投资者服务公司（Moody's Investor Services）、标准普尔信用评级集团（Standard and Poor's Rating Group）和机构投资者（Institutional Investor）等，都已发展出成熟的国家风险评价方法，定期发布国别风险报告，值得我们参考和借鉴。然而，由于国外机构提供服务收费昂贵，更重要的是我国在中东国家投资的企业，相当一部分是承担着我国的“走出去”战略使命的国有企业，对政治风险有着与国外企业不同的特殊性，绝不能完全依赖国外机构提供的商业化、标准化的风险报告。中国出口信用保险公司、国观智库等机构近年来也开始发布《国家风险分析报告》《中国海外投资国家风险评级报告》等年度报告，但其评价体系还

略显粗略，时间滞后期也长，无法起到预警作用，远远不能满足企业投资决策需要。

因此，应充分借鉴国外评级机构经验，加强针对中东国家的国家风险体系研究，在密切关注和实时跟踪中东各国（地区）的基本信息、政治、经济、投资以及与我国的双边贸易与投资关系的基础上，构建起我国独有的中东地区政治风险评估体系，为我国企业“走出去”和“一带一路”倡议提供风险预警，随时向在中东投资企业通报政治风险动态信息，指导企业对中东国家直接投资活动中规避政治风险。

2. 鼓励涉外保险机构加强对中东地区投资保险业务，健全海外投资金融保险体系

投保政治风险是一种积极的预防性商业策略。企业在具有政治风险的国家投保，可以将风险转嫁给商业保险机构。海外投资保险主要包括禁止汇兑险、国有化或征用险、战乱险、营业中断险等，保险额度一般在投资额的90%以内。国外知名的海外投资保险机构有美国的海外私人投资公司和北美保险公司、英国的出口信贷保证部等。在我国，中国出口信用保险公司（以下简称中国信保）等国有涉外金融保险机构也相继开设了海外投资政治风险保险业务，如2011年利比亚发生战乱、迫使多家中国企业撤离，中国信保向受损企业累计赔款1.34亿美元。但是，总体来看，当前我国海外保险业务中，贸易类业务占比过高、投资类业务过低。仍以中国信保为例，在2002—2014年海外投资承保总额仅占总承保额的9.52%（张冀、郭雪剑，2016）。2013年以来，中国信保积极服务国家“一带一路”倡议，对沿线64国累计承保金额达到3438亿美元，承保覆盖矿业、农业、制造业、信息通信、基础设施建设等领域，但中东业务并不多见。因此，应在鼓励我国在中东投资企业通过国际保险机构投保的同时，鼓励我国涉外金融、保险机构加大中东投资政治风险保险业务力度，多方利用金融保险资源，健全海外金融保险体系。

3. 充分利用双边、多边投资协定，多层次保障对中东直接投资企业正当权益

双边投资协定（Bilateral Investment Treaty，BIT）是缔约双方协调一致的政府间合作协议，具有技术性强、内容明确详细、互惠性强、投资风险防范性强等特点。目前，我国已与大部分中东国家签订并生效了双边投资协定，但仍有4个国家尚未签订或生效（其中伊拉克、利比亚、毛里塔尼亚3国尚未签订，约旦已于2001年签字，但未生效）。值得注意的是，我国对伊拉克、约旦和利比亚三国投资均在波动中上升，截至2015年底存量投资额分别高达38812万美元、3255万美元、10577万美元；对毛里塔尼亚的投资存量则从2003年的182万美元增加至2015年的10583万美元。因此，我国应借“一带一路”倡议的推进，尽快与上述中东三国展开双边投资协定谈判并及早缔约，为我国在这些国家投资提供法律保障。

除了双边投资协定之外，《多边投资担保机构公约》和《关于解决国家和他国国民之间投资争端公约》两大国际公约，是避免或减少一国企业海外投资国家风险的重要途径。《多边投资担保机构公约》通过承保非商业性风险来促进私人投资，承保的险种主要有货币汇兑险、征收或类似措施、东道国政府违约险、战争和内乱险、其他非商业性风险等。依据《关于解决国家和他国国民之间投资争端公约》设立的“解决投资争议国际中心”是解决缔约国之间投资争议、提供调解和仲裁的常设机构，以促进私人资本的国际流动。我国是上述两个公约的签署国，但是许多驻中东企业并不了解，更未充分享受这种国际机制，在发生争端时多选择息事宁人，吃哑巴亏。因此，建议加大对驻中东企业的国际公约宣传力度，加深驻中东企业对多边投资保护机制的认识，帮助企业熟悉和掌握多边投资保护机制的条件、程序和措施等，积极引导驻中东企业利用国际机制防范风险。

4. 鼓励民间商会等社会组织“走出去”到中东拓展，建立起适应中东文化的多元投资促进与社会服务机制

中东地区文化组成纷呈，民族、种族、社会与经济矛盾复杂，政治环

境多变，对我国企业投资形成了挑战。企业“走出去”到中东国家进行投资，更需要民间商会等社会组织通过与各国民间经济、文化、教育和社会服务等方面交流与合作，传播正面积极的外交理念和维护国际形象、消除国际负面舆论压力和各种猜疑，以扫除与中东国家潜在的合作障碍和政治风险。目前，我国社会组织“走出去”总体尚处初级发展阶段。截至2014年，全国共有60.6万个社会组织（社团31.0万个，民办非企业单位29.2万个，基金会4117个），但国际或涉外组织类的社会组织仅为529个，占总数的0.08%（社团516个，占0.17%；民办非企业单位4个，占0.0014%；基金会9个，占0.22%），“走出去”到中东的社会组织呈现数量少、活动浅层次低、影响力有限等特征（刘振国、罗军，2016）。我国民间商会等社会组织“走出去”，是顺应全球治理趋势和服务“一带一路”倡议的必然要求。因此，应考虑鼓励民间商会等社会组织“走出去”到中东地区，组织起一大批精通中东国家语言和文化、熟悉国际投资游戏规则和中东国家商业文化习俗、能够识别和评估中东地区特殊的政治风险并科学化解或减少政治风险的社会服务人才队伍，加强与驻中东的中资企业之间交流、与商务部驻中东外经商机构联系，构筑起在中东投资机构的风险信息共享与服务网络，及时传递与分享中东政治风险信息，提升对中东政治风险本土化应对能力，共同防范中东政治风险。

· 第四篇 · WTO、区域发展与治理

第十三章

“入世”的四种模糊认识 *

一、 加入世贸组织真能冲垮一国经济?

有一种观点认为，我国“入世”简直是大难临头，外国的产品、服务大量涌入，会给我国带极大的冲击。其实，从历史上看，没有任何一个国家或地区因加入关贸总协定/世贸组织其经济贸易崩溃或发展严重倒退的。相反，许多国家因积极参与多边贸易体制获得了较大的发展。韩国于 1967 年、新加坡于 1973 年、泰国于 1982 年、墨西哥于 1986 年加入关贸总协定，加入关贸总协定后，这些国家的经济增长都明显加快。

二、 世贸组织是否强制性要求成员国出让经济主权?

不少人认为加入世贸组织后我国政府的经济主权将被不断地让渡而削弱，对民族经济保护将“力不从心”。这表明对世贸组织的职能还不太清楚。世贸组织作为一个全球性政府间国际组织，不同于欧盟那样的地区一体化组织，它不是一个超国家机构。它仅仅是为各成员国进行贸易提供了谈判场所和贸易自由化的基本游戏规则。一定程度上，世贸组织拥有的权力是各成员赋予它的，当一成员给予世贸组织某些方面的权利，它同时也能享受其他成员给予的权利，权利与义务的对等是世贸组织的最大特点。

* 王宏新.“入世”的四种模糊认识［N］. 山西发展导报，2000-08-20.

三、加入世贸组织就味着让经济放任自流吗?

世贸组织的原则之一是贸易自由化，要求其成员降低贸易壁垒，使贸易能更加自由地进行，从而使各国能更好地发挥比较优势，通过贸易的发展带动经济增长。但是，世贸组织也主张各成员降低贸易壁垒的水平、速度需要通过谈判加以确定，各成员可依其自身的经贸状况及竞争力，实行逐步自由化，为其国内产业界提供一个结构调整的机会，并不要求一旦加入世贸组织就实行自由贸易。所以，中国加入世贸组织，并不意味着外国商品和服务在中国市场就畅通无阻地长驱直入，国内大批企业就要倒闭、破产了。关键在于我们产业部门及企业要熟知相关权利，保护自己合法权益，并加快结构调整，适应全球竞争。

四、世贸组织还是西方国家主宰的“富人俱乐部”吗?

截至 1999 年 4 月 1 日，世贸组织已经有 135 个成员，其中发达国家仅 29 个，发展中国家和地区达 106 个，占 80%。世贸组织的成员结构已经发生根本改变，按重大决策 3/4 成员通过的原则，理论上，发展中国家和地区已具备对世贸组织的发展方向及重大问题发挥主要影响的能力。不仅如此，世贸组织具有任何其他地区性组织和国际协议都不具备的贸易争端解决机制。在该机制下，各成员权利与义务对等，完全平等，任何一方不能将其不符合世贸组织的做法强加与另一方。这一重大改变使贸易大国主宰争端结果的朝代一去不复返了，贸易小国的权利有了充分的保障，这也是众多发展中国家加入世贸组织的重要原因之一，也开始改变原关贸总协定“富人俱乐部”的形象。

第十四章

“入世”与区域发展：以湖南农业为例*

加入 WTO 对我国区域与产业发展意义重大。本章以加入 WTO 与湖南农业的影响为例，分析了“入世”对区域发展所面临的机遇与挑战进行了理论分析，并从结构调整、体制改革、科技兴农战略、保障体系以及加快农村城镇化步伐等方面提出对策建议。

一、加入 WTO 与湖南农业面临的机遇

加入 WTO，将对我国农业带来重大的发展机遇。首先，我国可以参加多边贸易规则的谈判、制定，灵活运用 WTO 的有关条款来保护自己，防止有些国家歧视性地使用贸易保护政策，或滥用单边贸易，从而为我国农产品进入国际市场创造良好的外部环境。其次，可享受贸易自由化带来的成果，有利于我国结合和利用国内、国外两个市场、两种资源，促进我国农业经济的发展。最后，我们可以抓住各成员国提高农产品贸易自由化程度的有利时机，扩大我国农产品出口。但是，加入 WTO 对我国农业也有

* 刘长庚，王宏新．“入世”与湖南农业的发展［J］．湖南社会科学，2000（2）：54-55.

许多不理影响。乌拉圭回合《农产品协议》（下文简称《协议》）作为WTO的重要协议之一，对各成员国农业政策均有着重大影响。按照《协议》，我国必须降低农产品进口关税，非关税措施关税化并进而降低关税以扩大市场准入；必须逐步削减出口补贴；必须削减对国际农产品贸易具有扭曲作用的生产补贴，如价格支持、营销贷款、种子化肥灌溉等投入补贴；卫生及植物检疫措施不应构成不公正的歧视；等等。

湖南是农业大省，农业在全国占有重要的地位。加入WTO将对湖南产生重大影响，既是机遇也是挑战，在短期内来说，机遇大于挑战。首先，加入WTO对我国冲击较大的是小麦、玉米、大豆、棉花、油料、食糖等具有比较劣势的农产品，其主要产区在东北、华北地区，对湖南省主要农产品的生产影响不大。而我国具有比较劣势的禽畜产品、水果、蔬菜、茶叶、水产品同时也是湖南农业的强项，如生猪及肉类加工品、柑桔和鱼类等。

其次，加入WTO对大米是否造成冲击，是湖南省上下最关注的事。我国的粮食产品主要供给国内消费，65%由农民自产自消，产品率仅有35%左右，粮食自给率高达95%，粮食生产事关13亿人口大国的粮食安全问题。入世后，我国虽承诺放宽农产品市场准入，但是对市场准入的承诺并不等于实际出口，也不等于实现贸易自由化。一方面，我国在谈判中已争取到对粮、棉、油、糖、化肥等重要产品的进口实行关税配额管理（在配额以内低关税，超过配额则征收高额关税）的权利，同时仍实行国家专营。另一方面，由于“大国效应”（我国是农业和人口大国，进口一定的数量，世界市场价格就会大幅提高，反过来抑制进口），市场机制会自动熨平由进口引起的国内生产波动，在调节供求平衡的同时对农业生产影响不会很大。大米是湖南主要粮食产品，其产量多年居于全国之首，成本虽略高于国际市场，但大大低于国内市场水平。加入WTO后，国家必然会加大对农业的政策倾斜和科技投入，为湖南大力发展水稻生产提供良好条件，冲击程度大大降低。从某种意义上来讲，加入WTO对湖南发展水稻生产不啻为一次难得的机遇。

最后，从进口方面来看，饲料和肥料一向是湖南禽畜和水产品、水稻等农作物产品成本较高的重要因素，也是湖南从外省调拨和外国进口的大项。以肥料进口为例，1998 年肥料进口额为 3463.46 万美元，居湖南省进口商品金额第二位。加入 WTO 后，势必会按照国际市场行情，以低价从国际市场进口饲料和肥料，从而大大降低湖南农产品的成本，增强湖南农产品的国际竞争力。

二、 湖南农业发展目前面临的主要问题

加入 WTO 后，虽然对湖南农业经济的发展在短期内冲击较小，但现阶段湖南农业也面临不少问题，尤其是长期性的结构调整问题不容忽视。

1. 产品结构问题

近年来，湖南虽涌现一批市场竞争力较强的农产品，但总体来说，湖南农产品品种较少，质量也不高，呈现为初级产品多而高档次、高技术含量、高附加值的加工制成品少，大路货多紧俏商品少，传统产品多创新产品少的“三多三少”特点，在非价格竞争中处于劣势。如水稻产量在全国居第一位，但优质率仅为 15%左右；苎麻产量居全国第一位，但苎麻加工的产业化规模和品牌没有取得应有的地位；生猪产量居全国第二位，但瘦肉型优质品率仅为 40%，且肉制品加工行业没有跟着发展起来，远不如河南、山东等省；等等。

2. 管理和流通体制问题

目前的农业宏观管理体制仍存在重生产、轻流通，重管理、轻服务，重数量增长、轻质量效益的问题，不符合市场经济的要求；原来的产品流通体制（农业生产管理权在农业行政主管部门，而农业生产资料供应与农产品流通权在商业行政主管部门，农产品国际贸易的管理权在外贸行政主管部门）造成农工贸分割和产供销分离，已不适应加入 WTO 后的商品国际大流通。另外，在现行农业制度安排下，农业社会化服务体系滞后，农

户追求短期利益的粗放型经营较为普遍，因而，不利于农业集约型和产业化的要求。

3. 农业资源及农业人口再就业问题

目前湖南人口总数为6465万人，并以每年36万左右的速度递增。与此同时，由于城乡建设和交通建设等不断扩展，耕地面积在以每年10万亩的速度递减。目前，湖南人均耕地面积0.75亩，低于全国平均水平1.18亩，也低于联合国规定的人均耕地0.95亩的警戒线。在耕地面积不断减少的同时，其质量水平更令人担忧。湖南现有耕地中25%属于中低产田，其中瘠薄型耕地占1/3，渍涝型耕地占1/4，缺水型稻田占40%。同时，随着我国农业部门的“有进有退”和农业现代化，会出现大量农村剩余劳动力，农村剩余劳动力的转置、再就业问题将会更加突出。湖南农业人口占全省总人口的81.2%，现有农村劳动力2774.69万人，其中剩余劳动力1000万人以上，占农村劳动力的36%，大量剩余劳动力给短缺的土地资源造成了很大压力。但是在城市下岗队伍不断扩大的情形下，农村剩余劳动力的转移更是困难重重，这无疑对湖南农业及经济社会的可持续发展形成了巨大的障碍。

三、实现湖南农业可持续发展的对策

面对我国加入WTO和农业国际化、经济全球化的大趋势，要促进湖南农业在21世纪持续、快速、健康发展，就必须在以下几个方面做好工作。

1. 大力调整农业结构，发展劳动密集型农业，狠抓拳头产品

湖南农业在水稻、禽畜及其加工、水产品、蔬菜、水果、茶叶和苎麻纺织等劳动密集型产品方面都具有比较优势，应以加入WTO为契机，加快结构调整，以改善农业生产结构和品种结构，提高农畜、水产品产量和质量，增强农产品在国际市场的竞争力。

(1) 大力压缩普通劣质早籼稻，把早籼稻面积压到1800万亩以下，优

质稻生产基地的规模要从现在的1800万亩扩大到2000万亩以下，其中高档优质稻增加到1000万亩，高档优质稻的产量要增加到50多亿公斤，扶持金健、秀龙、金楚、盛湘和湘米王等一批优质米品牌。

（2）积极从国外引进优质、高产、适应性强、抗逆性强的水果和禽畜良种，切实搞好“柑桔品改工程”，每年力争品改100万亩；生猪要扩大三元杂交猪的饲养量，提出出栏比重。

（3）实行鱼类结构调整，狠抓甲鱼、湘云鲫、南方大口鲶、鳜鱼等特种水产养殖。

（4）因地制宜，大力引进和开发多品种蔬菜、茶叶、花卉，树立品牌，提高附加值。

2. 加快农业管理体制和农产品流通体制改革，建立与国际市场接轨的农业管理和流通体制

农业行政管理部门要实现向宏观管理、信息服务的职能转变，尽快建立完善的农产品贸易信息数据库，并与国际信息网络联接，为农民及时提供准确的国内外、市场信息，为从事农产品进出口业务的企业提供有关国家的农产品贸易政策法规及宏观指导，在农产品国际贸易中争取主动。加快农产品流通体制改革和农产品市场体系的建设。

3. 实施科技兴农战略，发展可持续农业

湖南农业资源有限，必须从以自然资源和传统经验为基础的农业向以科学知识和现代技术为基础的现代农业转变，实施科技兴农战略，建立农业科学创新体系。包括高效率、高效益转化科研成果的技术推广体系和显著提高农业科技文化素质的农业教育培养体系等。同时，增加科技投入，保证农业科研有一个稳定发展的环境。并建立一支稳定的高素质、专心农业科研的青年科技队伍，以促进农业的可持续发展。

4. 建立农业保障体系，加强对农业生产的适度保护

加入WTO对农业最大的冲击并不单是农产品本身，农业政策的调整

更不容忽视，而农业政策最重要的又是要建立和完善与 WTO《农产品协议》适应的农业保障体系。目前湖南农业保障体系还很不完善，远远不能适应 WTO 框架下对农业生产适度保护的需要。因此，湖南政府农业宏观政策要高度重视农业保障问题，可由政府有关部门与政策性银行共同组织，设立结构调整基金专门用于扶植农民种植业结构调整；设立自然灾害保险基金，降低自然灾害对农业造成的损失，建立起符合湖南实际的政策性、商业性农业保障体系。

5. 加快农村城镇化步伐，有效解决农村劳动力转置与再就业

发展小城镇是带动农村经济和社会发展一个大战略，有利于加快农业产业结构调整，促进农村经济发展；有利于乡镇企业相对集中，大规模地吸纳农业富余劳动力，避免向大中城市盲目流动；有利于提高农民素质，改善生活质量。自改革开放以来湖南城市化水平大为提高，全省小城镇从 1978 年的 154 个发展到 1998 年的 987 个，常住人口从不足 200 万发展到 933 万，全省城市化水平按市镇人口计算已达 29%。但是与全国横向比，湖南城市化水平仍低于全国平均水平 3 个百分点（约 32%），在全国排名第 20 位以后。为此，一要深化改革，建立适合小城镇建设与发展的管理机制与运作方式，做到科学布局，合理规划，规模适中，注重实效；二要打破区域界限，拓宽融资渠道，吸引社会各方面、各行业、各单位以及个人带资进镇，引进外资参与小城镇建设，建立小城镇建设多元投入机制。

附　录

书评：中国作为世界经济的一个内生变量*

科学技术的飞速发展和跨国公司的加速并购将世界经济带入全新的 21 世纪，从微观的资源配置、产业组织到宏观的经济增长、经济政治格局等各个方面都在发生着深刻变化。新的事物、新的问题层出不穷，给研究该领域的专家、学者带来了极大的机遇和挑战。北京师范大学教授、博士生导师唐任伍教授历经 3 年多时间潜心研究，其学术专著《世界经济大趋势研究——21 世纪中国东亚与世界》由北京市社会科学理论著作出版基金资助出版（北京师范大学出版社 2001 年 7 月）。这是世界经济理论研究与学科建设方面的一项富有创新性的重要成果。

许多专家、学者对诸如亚太地区、世界经济发展趋势以及世界经济对中国的影响等问题进行了卓有成效的研究。但在分析世界经济时，大都遵循旧的分析框架，将中国视为一个外生变量而撇开不论。世界经济的重心正在向亚太地区转移，而中国经济实力的增强使得其在东亚经济中处于重要地位。当前中国无论是经济总量，还是外贸、外资，都已达到非常大的规模，人民币成为亚洲乃至世界支点货币的条件正逐渐形成、市场经济体制也已初步建立，加入 WTO 将使我国更加全面地融入经济全球化、一体化的进程中。因此，撇开中国来分析世界经济是不完整的世界经济，反过

* 陆跃祥，王宏新．中国作为世界经济的一个内生变量［N］，中华读书报，2002-01-02.

来基于一个不完整的世界经济的前提来研究其对中国的影响，其结论和观点也必然是片面的。因此，将中国、东亚与世界三者置于统一框架，研究三者之间的互动关系，是当前研究世界及我国经济的现实要求。该著在此作了有益尝试。可以说本书首次将中国纳入全球经济体系，始终将中国作为世界经济的一个内生变量，从而对中国、东亚与世界经济的分析更加全面、科学。作者借助各种计量模型、指标体系对中国的经济规模和综合国力进行了量化研究，预期 21 世纪前期将形成人民币区；指出了中国的崛起对世界经济格局产生的影响以及中国面临的挑战与因应策略，等等。这不仅为研究世界经济趋势、我国经济发展战略提供了新的理论基础和新的思路，也是世界经济学科建设的一大成果，为我们今后研究世界经济理论提供了一种新的研究框架。

正如笔者在开篇所提道，“今天我们研究世界经济学，并非是要研究某一种制度必然灭亡，必然要取代另一种制度”，而是要研究“影响世界经济增长的各种生产要素是如何在世界范围内更有效的配置”。该著紧紧抓住 21 世纪世界经济发展趋势的两大基石即科学技术和跨国公司来研究。一方面，从某种程度上来说，科学技术是世界经济增长的推动力，而跨国公司则是世界经济增长的物质承担者和财富创造者，也是科学技术的推动者与受益者。基于此，作者对中国、亚太以及整个世界经济中的科学技术与跨国公司的发展历程和未来趋势进行了全面剖析，得出了一系列重要的理论观点，如全球化使跨国公司而不是民族国家成为 21 世纪世界舞台上的主要实体等。

随着国际经济学的兴起与迅猛发展，世界经济学却越来越受到质疑，“被认为是一种既无理论、又无体系的‘大杂烩’”。而笔者认为，“研究世界经济发展规律不但成为理论的需要，而且成为指导实际生活的必然”。世界经济学受到挑战的原因在于“理论研究和创新还远远赶不上实践发展的需要。”在传统的世界经济理论中，强调生产关系而忽视生产力的发展，强调制度的静态优劣而忽视其动态变化，强调经济与政治的互动而忽视引起世界经济增长及其格局变化的其它因素，如文化、宗教等。笔者认为，在经济全球化进一步深化的同时，政治、文化、宗教等各个上层建筑领域也在发生激烈的碰撞，甚至冲突。而任何一个因素的突变都会影响到世界经济的发展，美国“9·11”事件对世界经济影响甚大，而宗教、文化因素是事件产生的主要原因。世界经济理论的研究需要吸收其他学科的成果来充实自己，唯有如此，世界经济学才会有生命力。作者在坚持马克思主义唯物史观的同时，广泛吸收了史学、政治学、管理学、未来学、宗教学等多学科成果，得出了一系列其他著作中鲜有的多学科交叉性的论点，如作者认为“东亚奇迹”的创造是“后发优势”造成的，而儒家文化作为一种文化资源，在“东亚奇迹”的创造中发挥了巨大的作用，包括“日本奇迹”的创造，“汉江奇迹”的产生，“四小龙”的出现，“五小虎”的形成等，都与儒家文化的作用有一定的关系。这些现象单纯依靠经济学原理则很难透彻地解释。

总之，任著视野开阔，立意深远，是世界经济研究的一部力作，拓宽了世界经济学的研究视野和研究框架，强化了世界经济理论的解释能力和可操作性，具有很高的学术价值与现实意义。

参考文献

[1] [英] 亚当·斯密. 国民财富的性质和原因的研究（上卷）[M]. 北京：商务印书馆，1974.

[2] [英] 亚当·斯密. 国民财富的性质和原因的研究（下卷）[M]. 北京：商务印书馆，1974.

[3] 诺斯. 制度、制度变迁与经济绩效 [M]. 上海：上海三联书店，1994.

[4] (美) 奥利维尔·布兰查德. 宏观经济学 [M]. 北京：清华大学出版社，1997.

[5] [美] 彼得·林德特，查尔斯·金德尔伯格. 国际经济学 [M]. 上海：上海译文出版社，1985.

[6] 戈特弗里德·哈勃勒. 国际贸易与经济发展 [M] //郭熙保. 发展经济学经典论著选. 北京：中国经济出版社，1998.

[7] 张小济，胡江云. 在自由贸易的背后 [J]. 国际贸易，1999 (4).

[8] 陈家勤，等. 关于我国外贸对经济增长贡献与外贸扶持政策调整的研究报告 [J]. 经济工作者学习资料，1999 (13).

[9] 彭福伟. 怎样看待目前对外贸易对国民经济增长的作用 [J]. 国际贸易问题，1999 (1).

[10] 邱晓华. 九十年代中国经济——兼论经济总量与结构调整 [M]. 上海：上海远东出版社，1999.

[11] 王子先. 以竞争优势为导向——我国比较优势变化与外贸长期

发展的思考［J］．国际贸易，2000（1）．

［12］盛斌．中国制造业的市场结构和贸易政策［J］．经济研究，1996（8）．

［13］陶剑．为全面贸易自由化开路——中国贸易改革竞争效应实证分析［J］．国际贸易，1999（6）．

［14］［美］克里斯托弗·A. 巴特利特，［英］休曼特拉·戈歇尔．跨国管理(第二版)［M］．赵曙明，译．大连：东北财经大学出版社，2000.

［15］［英］尼尔·胡德，斯蒂芬·扬．跨国企业经济学［M］．叶刚，等，译．北京：经济科学出版社，1994.

［16］储祥银，等．1997年世界投资报告［M］．北京：对外经济贸易大学出版社，2001.

［17］徐忠海．从产品生命周期到客户关系周期——企业营销理念的变化［J］．经济管理，2001（8）：26.

［18］卢新德．信息技术是企业经营国际化的强大动力［J］．世界经济与政治论坛，2001（4）：19.

［19］罗仲伟．全球企业跨国并购：趋势、原因与对策［J］．经济管理，2001（22）．

［20］UNCTAD：World Investment Report 2001：Promoting Linkages，http：//www. unctad. org/，2001，291-296.

［21］Bilkey，W. and Tesar，G.，1977. An Attempted Integration of the Literature on the Export Behavior of Firms. Journal of International Business Studies，vol. 9，No. 1，33-46.

［22］Carlson，Sune. How Foreign is Foreign Trade? Working Paper，The University of Uppsala，1975.

［23］Erramilli，K，1975. The Experience Factor in Foreign Market Entry Behavior of Service Firms［J］．Journal of International Business Studies，

1975, 22 (3): 479-501.

[24] Johanson, J. and J. – E. Vahlnc. The Internationalization of the firm–Four Swedish Cases, Journal of Management Studies, 1975, 12 (3): 305-322.

[25] Johanson, J. and J. –E. Vahlne. The Internationalization Process of the Firms—A Model of Knowledge Development and Increasing Market Commitment, Journal of International Business Studies, 1977, 8 (2): 23-32.

[26] Johanson, J. and J. –E. Vahlne. The Mechanism of Internationalization, International Marketing Review , 1990, 7 (4): 11-24.

[27] Welch , Luo starinen. Internationalization: Evolution of a Concept , Journal of General Management, 1988, 14 (2): 36.

[28] Benito, G. R. G. and G. G rip srud, 1992. The Expan sion of Foreign Direct Inves tm en ts: Discrete Rat iona lLocation C hoices or a C u ltural Learn ing P rocess Jou rnal of In ternat iona l Bus iness S tud ies, V o. l 23, No. 3, 461 – 476.

[29] B i lkey, w. and Tesar, G. , 1977. An attem pted Integration of th e L iteratu re on the Export Behavior of Firm s. Journa l of International Bus iness S tudies, Vol. 9, No. 1, 33 – 46.

[30] B. onaccors i. A. and D. Dal li, 1992. Internationalisation Process and En try C hannels: Evidence from Sm al l Italian Exporters, in Cantw ell, ed. P roceed ings of the 18 th Annual E IBA C on ference, University ofReading, 509 – 526.

[31] Hu fbau er, G. C. . Lakdaw alla, and A. Ma lan i, 1994. Determ inants of Foreign D irect Investm en t and Its Concen tration to Trade, UNCTAD Review, pp. 39 – 51.

[32] Johan son, J. And J. – E. Vah lnc, 1975. The In ternationalization of the firm – Fou r Sw edish C ases, Journal ofM anagem ent S tud ies, Vol. 12,

No. 3, 305 - 322.

[33] Johan son, J. And J. - E. Vah lne, 1977. The In ternationalization P rocess of the Firm s -A M odel ofKnow ledge Developm ent and In creas ing M arket C omm itm ent, Jou rna l of Intern ation al Bu siness S tud ies, Vol. 8, No. 2, 23 - 32.

[34] Johan son, J. And J. - E. Vah lne, 1990. The Mechanism of Internationalization, InternationalMarketing Review, Vol. 7, No. 4, 11-24.

[35] Lipsey R. E. , and M. Y. W eiss, 1981. Foreign Produ ction and Exports inM anu factu ring Industries, Review of E conom icand S tatistics , 66 (2), 304-308.

[36] Mude l. l R. A. , 1957. In ternational Trade and FactorM ob ility, Am erican E conom ic Review, 47, 321-335.

[37] Pat rie A. , 1994. The Regional C lustering of Foreign D irect Inves tm ent and T rade, Tran snational Corperation, DEC.

[38] W elch , Luostarinen, 1988, In ternationalization: Evolu tion of a C oncep t, Jou rnal ofG eneralM anagem en t, 14 (2), 36.

[39] 李荣林. 国际贸易与直接投资的关系：文献综述 [J]. 世界经济, 2002 (4).

[40] 梁志成. 论国际贸易与国际直接投资的新型关系对芒德尔贸易与投资替代模型的重新思考 [J]. 经济评论, 2001 (2).

[41] 鲁桐. 中国企业海外经营：对英国中资企业的实证研究 [J]. 世界经济, 2000 (4).

[42] UNCTAD. 2000 年世界投资报告 [M]. 北京：中国财政经济出版社, 2001.

[43] [英] 尼尔·胡德, 斯蒂芬·扬. 跨国企业经济学 [M]. 北京：经济科学出版社, 1990.

[44] [美] J. 弗雷德·威斯通，[韩] ·S. 郑光，[美] 苏珊·E. 侯格．兼并、重组与公司控制 [M]．唐旭，等，译．北京：经济科学出版社，1998.

[45] [英] 萨德沙纳姆．兼并与收购 [M]．北京：中信出版社，1998.

[46] 唐任伍．世界经济大趋势研究——21 世纪中国东亚与世界 [M]．北京：北京师范大学出版社，2001.

[47] 王林生．跨国并购与中国外资政策 [J]．世界经济，2000（7）.

[48] 何思雨．"一带一路"倡议与中东安全合作机制 [J]. 阿拉伯研究论丛，2015（2）：182-195.

[49] 理查德·M. 霍杰茨，等．国际管理：文化、战略与行为 [M]. 北京：中国人民大学出版社，2006.

[50] 刘雪，吴宇．专家：2030 年我国石油消费将达峰值 6.8 亿吨 [EB/OL]．新华网，http：//news. xinhuanet. com /fortune/2015-09/21/c_1116621387. htm.

[51] 刘振国，罗军．社会组织"走出去"参与全球治理问题探析 [J]. 中国民政，2016（12）：40-42.

[52] 刘中民．中东局势乱中有治 [G] //复旦大学国际问题研究院．旧秩序与新常态——复旦国际战略报告（2015）．上海，2015.

[53] 田文林．"一带一路"与中国的中东战略 [J]. 西亚非洲，2016（2）：127-145.

[54] 吴思科．"一带一路"框架下中国与中东国家的战略对接 [J]. 阿拉伯世界研究，2015（6）：4-11.

[55] 吴毅宏．"一带一路"中东走廊建设——风险把控及相关路径 [J]. 宁夏社会科学，215（6）：108-115.

[56] 席桂桂，陈水胜．"一带一路"背景下中国的中东经济外交

[J]. 阿拉伯世界研究，2016（6）：48-59+117.

[57] 张冀，郭雪剑．“一带一路”倡议背景下的出口信用保险服务保障 [J]. 国际贸易，2016（8）：35-40.

[58] 张伟鹏．“一带一路”沿线非传统安全风险应对分析——以中国与中东地区国家反恐合作为例 [J]. 探索，2016（3）：186-191.

[59] 赵雅婧，王有鑫．“一带一路”背景下中国与中东的经济合作 [J]. 阿拉伯世界研究，2016（2）：31-43，119.

[60] 宋则行，樊亢．世界经济史（修订版·下卷）[M]．北京：经济科学出版社，1998.

[61] 爱德华· S．考文．美国宪法的“高级法”背景 [J]．张世功，译．北京：三联书店，1996.

[62] 查尔斯· A．比尔德．美国宪法的经济观 [M]．北京：商务印书馆，1984.

[63] 伍启元．宪政与经济 [M]．南京：正中书局，1945.

[64] 利普塞特．政治人———政治的社会基础 [M]．刘钢敏，等，译北京：商务印书馆，1993：29.

[65] 阿马蒂亚· 森．以自由看待发展 [M]．任赜，于真，译．北京：中国人民大学出版社，2002.

[66] 路易斯·亨金．宪政· 民主· 对外事务 [M]．邓正来，译．北京：三联书店，1996：9.

[67] [荷] 阿诺德· 赫特杰，[美] 约瑟夫· E．斯蒂格利茨，等．政府为什么干预经济 [M]．郑秉文，译．北京：中国物资出版社，1998.

[68] North, D . and B . Weingast , 1989 , “ Constitutions and Commitment: the Evolution of Institutions Governing Public Choice in Seventeenth - Century England” , Journal of Eco-nomic History , XLIX .

重要术语索引表

后　记

过去的40年，是一场恢宏磅礴的改革开放实践叙事，理论探索亦岁月如歌。

对于刚刚步入不惑之列的教学科研工作者来说，常常掩卷沉思，学有所成乎？真乎？

实践是检验真理的唯一标准。将作者自1998年开始攻读硕士研究生起至今的20年研究作品整理出版，敢于接受理论与实践的再检验，既是致敬这个伟大时代的最好方式，也是给自己致青春的最好礼物。本书内容除少数文字校正和表述修润外，一概保留论文发表时的历史原貌，接受历史检验。

本书的出版面世，首先要感谢中国行政体制改革研究会和国务院研究院原主任、国家行政学院原常务副院长魏礼群教授，让我有机会在课题研究中回顾和反思自己的学问，魏院长对我的关心教诲，既给了我许多极为宝贵的学习机会，也在精神上给了我巨大的鼓舞。感谢我的两位研究生导师，他们也是本书中不少论文的第一或第二作者。全国政协委员、湘潭大学副校长、博士生导师刘长庚教授，是我的硕士生导师，指引我走上了教学研究之路并深深地影响着我的人生成长；我的博士生导师、北京师范大学管理学院（政府管理学院前身）原常务副院长、执行院长唐任伍教授，在学习和科研中给了我宝贵的锻炼机会、促使我不断进步。也感谢文集中的论文合作者，尤其是毛中根（现为西南财经大学教授）、范言慧（现为对外经济贸易大学教授）二位学弟，在论文初次发表时提供了宝贵的合作支持。感谢我的两位学生赵佳（北京长安汽车技术工程研究有限责任公司）和洪婧诗（北京师范大学政府管理学院 2017 级本科生），协助我整理书稿，工作非常出色。感谢北京师范大学政府管理学院对本著作出版的资助。

国盛天下平，家和万事兴。感恩我的小家庭、大家庭所有至亲，也将本书献给他（她）们！

作 者

二〇一八年春